А. Усачёв, А. Березин

ВСЁ О ДРАКОШЕ

Сказочные повести

Иллюстрации А. Гардян

МОСКВА
РОСМЭН
2014

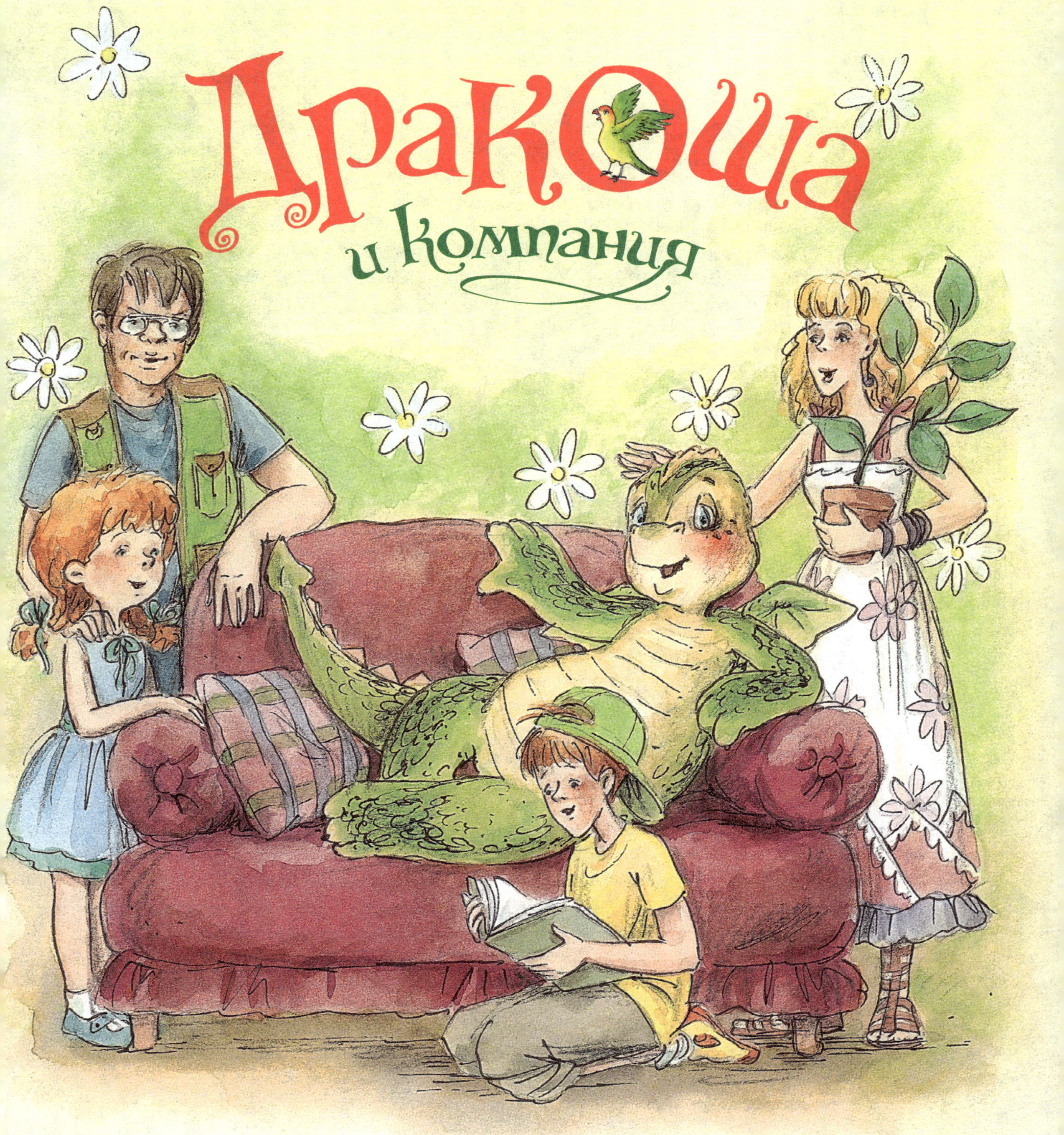
Дракоша
и компания

Глава первая
СТРАННОЕ ЯЙЦО

Некоторые читатели считают, что всякие необычные истории и начинаться должны необычно. Но это совсем не обязательно. По крайней мере, эта история началась вполне обыкновенно.

Стоял чудесный летний день. Сияло солнышко. На деревьях чирикали птички. Инспектор ГИБДД Дойкин сидел в кустах и, хотя не был птичкой, тоже насвистывал. Настроение у инспектора было превосходное: за полчаса Дойкин оштрафовал двенадцать водителей и радостно поджидал тринадцатого.

Долго ждать не пришлось. Из-за поворота появилось нечто, отдалённо напоминающее автомобиль, потому что имело четыре колеса. Сверху же возвышалась гора из стульев, пластиковых вёдер, матрасов, подушек... А из багажника торчала удочка, на которой, как флаг, развевались цветные пляжные трусы.

Дойкин вышел из своего укрытия и поднял жезл. Обычно машины останавливались как по мановению волшебной палочки. Но на этот раз «волшебная палочка» не сработала. То ли водитель о чём-то задумался, то ли не увидел инспектора из-за свисающего одеяла...

В общем, машина проехала мимо, оставив на милицейском жезле пляжные трусы. Пока инспектор раздумывал, погнаться ему за нарушителем или примерить трусы, автомобиль свернул на просёлочную дорогу.

Семья Дружининых ехала на дачу. Папа, Сергей Викторович, сидел за рулём. Рядом, там, где обычно сидела мама, был прикручен ремнями безопасности компьютер. Пятый член семьи, как говорила Наталья Юрьевна. Мама ещё со вчерашнего дня занималась подготовкой дачи. Впрочем, места для неё в любом случае не хватило бы. Машина так была забита вещами, что сидевшие на заднем сиденье Паша и Маша с трудом поворачивали головы.

Громыхая и позвякивая на каждом ухабе, автомобиль въехал в дачный посёлок. Справа и слева возвышались дома, виллы, дворцы...

– Папа, это она? – то и дело спрашивали дети.

Дача была куплена всего неделю назад, и они её ещё не видели.

– Нет, наша лучше! – неизменно отвечал папа.

Наконец машина остановилась перед выцветшим деревянным забором.

– Ну, вот и наш дворец! – Папа открыл калитку и широким жестом обвёл двор.

Проследив за его рукой, брат и сестра увидели неказистый сарайчик с маленьким пыльным окошком.

– Это?.. – упавшими голосами спросили они.

– Да не эта, а вон та!..

В глубине двора стоял уютный деревянный домик с верандой, увитой плющом. И даже со вторым этажом.

На веранде появилась мама с тряпкой в руке:

– Ну, наконец-то! А я уж волноваться начала... Надеюсь, ты ничего не забыл? – обратилась она к папе.

– Ну, что ты, – надулся Сергей Викторович.

– Тогда давайте разбирать вещи.

Из-за забора послышался грохот.

– Похоже, они сами разобрались, – развёл руками папа.

– Хорошо, что посуду мы привезли в прошлый раз, – вздохнула мама. – А теперь вещи в дом! – Увидев, что её призыв пропустили мимо ушей, Наталья Юрьевна добавила: – Кто не работает, тот не ест... мороженого!

Через пять минут вещи уже лежали в доме, а семейство Дружининых сидело на веранде и ело пломбир.

Папа первым прикончил свою порцию и довольно откинулся в кресле:

– Ну, как вам дача?

– Ум-гум-гм-гум-гм-м-м-угу! – дружно отозвались брат с сестрой.

– Я тоже так думаю, – кивнул папа.

– Мама, – спросил Паша, облизав ложку, – а где моя комната?

– Чур моя наверху! – выкрикнула Маша.

– Не твоя, а ваша! – поправила её мама.

Но дети уже грохотали по лестнице. Первым в комнату ворвался Паша:

– Чур моя кровать у окна!

Маша хотя и была младше брата на три года, но старалась ни в чём ему не уступать. Мама ведь тоже была младше папы на три года, однако папа всегда слушал её. Из чего Маша сделала вывод, что женщины умнее мужчин и мужчины должны их слушаться.

– Почему это твоя? – с вызовом спросила она.

– Потому что я первый сказал. Кто первый сел, тот и...

Паша собрался сесть на кровать, но в последний момент Маша дёрнула её на себя. К несчастью для брата, кровать оказалась с колёсиками – и Паша приземлился на пол.

– Ого! Похоже, начался делёж имущества, – заметил Сергей Викторович. – Дача, конечно, не новая. Но, надеюсь, выдержит.

– Постучи три раза!

Раздался стук. Но стучал не папа.
– Кто это?.. – удивился он. – Барабашка?
– Кажется, к нам гости, – сообщила мама, выглядывая с веранды.

Действительно, у калитки стояла дама неопределённого возраста в строгом деловом костюме розового цвета. Папе она сразу же напомнила его школьную учительницу по литературе.
– Пойду-ка я лучше немного поработаю. – И он быстро шмыгнул в дом.
– Серёжа! – укоризненно сказала мама, но папы уже и след простыл.

– Здравствуйте! Я ваша соседка – Жанна Эдуардовна, – представилась дама.

– Очень приятно. Наташа.

– Чудесное имя! – воскликнула соседка. – Убеждена, что мы с вами обязательно подружимся. Вы чем занимаетесь?

– Я – художник...

– Замечательно! Я тоже рисовала... В детстве. Обожаю художников. А ваш муж тоже художник?

– Нет, он работает в компьютерной фирме.

– Неужели? Какое совпадение! Мой внук тоже увлекается компьютером. О!.. – Цепкий взгляд Жанны Эдуардовны выхватил уже успевших помириться и теперь изучающих участок Пашу и Машу. – У вас тоже есть дети? Какое совпадение! Надеюсь, они подружатся с моим Максимом и станут такими же друзьями, как и мы с вами...

В этот момент за забором раздался оглушительный рёв мотора.

– Что это? – спросила мама.

– А-а, это, – даже не обернулась на звук соседка. – Это танк.

– Танк?!

– Видите ли, наш сосед Пал Палыч – полковник в отставке, – доверительно сообщила Жанна Эдуардовна. – Он всё время на танке

ездит. Говорит, что в наше время так безопасней. Очень своеобразный мужчина...

Пока мама беседовала с соседкой, дети завершали обследование участка. Они уже покачались на качелях, успели поцарапаться в малиннике и обжечься крапивой.

– А теперь самое интересное! – таинственным шёпотом сказал Паша и открыл дверь в сарай.

Но ничего интересного там не оказалось. Лопата, грабли и поленница дров.

– А давай сыграем в прятки, – предложила Маша.

– Да ну, – поморщился брат.

– Ну, давай! – не отставала сестра.

– Ладно, – нехотя согласился Паша. – Только ты водишь!

– Раз-два-три-четыре-пять-я-иду-искать-кто-не-спрятался-я-не-виноват! – выпалила одним махом Маша и обернулась. Брата нигде не было.

Пожав плечами, девочка начала поиски. Она внимательно осмотрела дом, затем обшарила весь участок, но Паша спрятался надёжно. Когда в пятый раз девочка пробежала мимо, стоявшая у дома дождевая бочка злорадно хихикала.

Наконец Машу осенило.

– А, знаю, где он! – Девочка побежала к сараю.

Бочка последовала за ней.

Жанна Эдуардовна говорила и говорила. У неё были две любимые темы: соседи и здоровье. Так как о соседях она уже всё рассказала, то теперь речь шла о здоровье.

– И настоятельно рекомендую, Наташенька, обязательно надевайте что-нибудь от солнца! А то голову так напечёт... Ой, у вас бочка идёт!

И соседка дрожащей рукой показала маме на передвигающуюся по двору бочку.

– Ну и пусть идёт, – спокойно согласилась мама. – Может, ей куда-нибудь нужно.

– Вы знаете, я, наверное, тоже пойду! Кажется, я перегрелась на солнце...– прошептала Жанна Эдуардовна, отступая к калитке.

– Пашка, выходи! – крикнула Маша в глубь сарая.

Никто не ответил.

– Паш, я знаю, ты здесь, – уже не так уверенно сказала девочка, пробираясь между дровами, и вдруг замерла.

Прямо перед ней, таинственно мерцая в полумраке, лежало большое зелёное, в жёлтую крапинку, яйцо. Маша наклонилась, чтобы рассмотреть его, и вдруг яйцо покачнулось.

– Ой!.. – испуганно пискнула Маша и, пулей вылетев из сарая, сбила стоящую напротив двери бочку.

Бочка с грохотом опрокинулась, из неё вывалился Паша:

– Ты что, с ума сошла?!

– Там, в сарае, знаешь что?! – выдохнула Маша.

– Знаю. Дрова.

– А вот и не дрова...

– Да, странное яйцо... – задумчиво сказал Паша, разглядывая находку. – На страусиное не похоже. На крокодилье тоже.

– Может, оно слоновье?

– Балда! Слоны яиц не несут.

– А ты откуда знаешь?

– Книжки надо читать! – заявил Паша. Хотя, честно говоря, никаких книжек, кроме энциклопедий, справочников и другой научно-познавательной литературы, он не читал.

– Ну, и чьё же оно тогда? – не отставала от него сестра.

Брат только пожал плечами.

– А я придумала! Надо его высидеть, и тогда мы узнаем, чьё оно!

– Неплохая мысль. Только кто будет высиживать?

– Как кто? Курица, конечно!

Ужинали на веранде.

– Вы только поглядите, какая красота! – восторгался папа. – Звёзды, луна, птички поют!..

– Кстати, о птичках!.. – оживился Паша и под столом пнул ногой сестру.

– Ой, мамочка!.. – подпрыгнула Маша. – Купи нам, пожалуйста, курицу.

– Уже купила. Завтра пожарю.

– Нет, мамочка! Нам нужно живую. Чтобы она могла яички высиживать.

– Живую? Не знаю, не знаю. Посмотрим... Кстати, ты не забыл поставить к детям калорифер? – обратилась она к папе.

– Нет, не забыл. Только зачем он нужен?

– Вечерами здесь прохладно, – объяснила мама.

– А с калорифером у них будет не комната, а инкубатор, – проворчал папа.

– Инкубатор?.. – задумался Паша. – Машка! Пошли спать!

– Да ну, ещё рано! Спать совсем не хочется!

– А я говорю: пошли! – Паша что-то шепнул ей на ухо.

– Ой, и вправду, что-то спать захотелось, – зевнула Маша. – Спокойной ночи!

– Вот что значит свежий воздух! – сказал папа маме. – В городе они никогда так рано не ложились!

В своей комнате дети расстелили перед калорифером одеяло и аккуратно уложили на него яйцо.

– Калорифер – это даже лучше, чем курица! – объяснил Паша сестре. – Папа правильно сказал. Это, как инкубатор, где птенцов выводят.

– Ага! Пусть погреется, – кивнула Маша и подвинула яйцо к самому калориферу. – Так из него быстрее что-нибудь получится...

– Яичница так из него быстрее получится! – сердито сказал Паша и отодвинул яйцо на прежнее место.

Маша хотела поспорить с ним, но снизу донёсся голос мамы:

– Вы легли?

– Да! – Дети погасили свет и быстро юркнули в свои кровати.

Они лежали и, не отрываясь, смотрели на яйцо, пока не заснули.

В это время яйцо начало расти...

Глава вторая
ПЕРВЫЕ ШАГИ

Люди так часто засыпают и просыпаются, что в конце концов можно запутаться, спим мы сейчас или нет.

Паша открыл глаза... и тут же закрыл их.

– Наверное, это сон. – Он немного подождал и снова открыл глаза. И снова увидел перед собой страшную зелёную морду. Паша завопил от ужаса и нырнул под одеяло. Он лежал и боялся пошевелиться, пока не услышал мамин голос:

– Дети, что случилось?

Паша осторожно выглянул из-под одеяла.

– Ничего, – выдохнул он. – Кошмар приснился.

– На новом месте это бывает. А тебе ничего страшного не снилось? – спросила мама Машу.

– Не-а! – замотала головой Маша.

– Ну, и хорошо. Вставайте, одевайтесь, умывайтесь. – Мама вышла из комнаты.

– Паш, тебе чего приснилось-то? – спросила сестра.

– Да, какая-то морда зелё... – начал объяснять он и осёкся.

– Чего зелё?.. – переспросила Маша.

– Тише!.. – прошептал Паша.

– Почему тише?

– Потому что мне это не приснилось. Смотри! – Паша показал на разбросанную по полу скорлупу.

– А где же яй... Ай!.. – испуганно замолкла Маша.

– Вот именно, – мрачно кивнул Паша. – Похоже, наше яичко высиделось.

– Ты его видел? На что оно похоже?

– Оно такое... зелёное... с лапами и зубами.

– Ой, Паша, я боюсь! – дрожащим голосом произнесла девочка. – Где оно?

– Наверное, спряталось. Надо искать! – смело сказал Паша, но с кровати не слез.

Прятаться в детской было особенно негде. Разве что в шкафу или в ящике с игрушками.

Набравшись храбрости, Паша всё-таки слез с кровати, подошёл к шкафу и резко распахнул дверцу. В шкафу никого не было.

Маша заглянула в ящик с игрушками и тоже никого не обнаружила.

– Цып-цып-цып!.. – позвала она.

– Гы-ы-ы!.. – Из-под кровати неожиданно высунулась зелёная морда и уставилась на девочку.

– Ой! – вскрикнула Маша и мгновенно оказалась за спиной брата.

– Кыш! Кыш! – замахал руками Паша.

Существо испуганно заморгало и исчезло под кроватью.

– Кажется, оно нас боится!

Паша был прав. Представьте себе, что вы только что вылупились из яйца. И вдруг на вас ка-ак закричат! Тут даже самый храбрый под кровать залезет.

В конце концов любопытство пересилило страх, существо снова высунулось и стало с интересом разглядывать детей.

– Не такое уж оно и страшное, – сказала Маша, выглядывая из-за спины брата. – Интересно, кто это?

– По-моему, динозавр.

– Динозавр?! – ахнула девочка. – А по-моему, он больше похож на дракона.

– Это одно и то же.

– А он нас не съест?

– Не бойся. Он ещё маленький, – сказал Паша и позвал: – Цып-цып-цып...

Но динозавр, или дракон, или кто бы он ни был, не хотел покидать своего убежища.

– Кис-кис-кис...

– Ути-ути-ути...

– Дракон. Дракончик. Дракоша... – ласково позвала Маша.
– Гы-ы-ы!.. – отозвался тот и вылез.
– Гляди-ка! – удивился Паша.
– Давай, так его и назовём – Дракоша, – предложила Маша. – Посмотри, какой он симпатичный!

Как и полагается настоящему дракону, Дракоша с головы до кончика хвоста был покрыт ярко-зелёным панцирем. Только на макушке у него торчал гребень золотистого цвета.

Маше очень хотелось погладить его, но она не решалась. Конечно, по сравнению с драконами, которых показывали в кино, дракончик выглядел совсем крошечным. Но когда он встал на задние лапы, то неожиданно оказался ростом с Машу.

Ходил Дракоша, как и все малыши, довольно неуклюже: сделал два шага – и упал.

– Гы... – жалобно произнёс он.

– Ну, вставай, вставай, маленький! – Девочка совсем перестала бояться. – Я буду твоей мамой...

– Тоже мне, мама! – Паша не без зависти глядел, как сестра спокойно гладит дракона по голове.

– Ребёнок хочет поиграть! – быстро вошла в роль Маша, увидев, что Дракоша потянулся к ящику с игрушками.

Девочка дала ему мяч, и дракончик запихнул его себе в рот.

– Дракоша, нельзя! – сказала Маша, отбирая мяч.

Дракоша осмотрелся, поднял с пола тапок и тоже засунул в рот.

– Мама, а тебе не кажется, что ребёнок просто хочет есть? – заметил Паша.

Снизу раздался голос мамы:

– Дети! Завтракать!

– Пошли, – сказал Паша сестре. – Надо добыть ему еды!

– Ну, как вам на новом месте? – Папа уже сидел за столом с чашкой чая.

Не успели дети ответить, как раздался оглушительный грохот.

От неожиданности папа чуть не уронил чашку.

– Что там такое? – нахмурился он.

– Это не у нас! – дружно выкрикнули дети.

– Это наш сосед, полковник в отставке, – пояснила мама. – Жанна Эдуардовна говорила, что он каждое утро, в восемь, стреляет из пушки.

– Из пушки?! – возмутился папа. – С ума можно сойти!

– Совсем не обязательно. Зато не надо покупать будильника. И ты не проспишь на работу, – улыбнулась мама и поставила на стол блюдо с жареными гренками.

– Папа, как ты думаешь, а что едят драконы? – спросила Маша, задумчиво водя пальцем по пустой тарелке.

– Обычное меню дракона: конь на обед, мóлодец на ужин, – ответил папа, отправляя в рот гренок. – Конечно, в том случае, если у них нет таких вкусных гренков!

Дети многозначительно переглянулись и одновременно потянулись к тарелке...

– Спасибо, мамочка! – Боком, так, чтобы не было видно оттопыренных карманов, брат и сестра побежали наверх.

Когда Сергей Викторович захотел взять ещё гренок, рука его наткнулась на пустое блюдо.

– Вот что значит свежий воздух! – присвистнул он. – В городе они никогда так не ели!

Сергей Викторович Дружинин был очень рассеянным человеком. Он всюду оставлял деньги, ключи, записные книжки. Он мог даже забыть про день своего рождения. Не забывал папа только две вещи: отключить компьютер и перед отъездом на работу поцеловать маму.

– Дети, до свиданья! – крикнул он Паше и Маше, открывая калитку.

Дети высунулись в окошко и помахали ему в ответ:

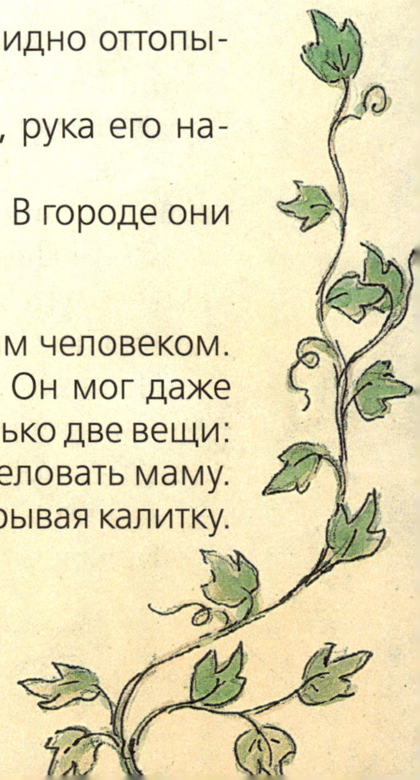

– Пока, папа!

И тут случилось что-то странное: папа забыл поцеловать маму. Вместо этого он затряс головой и пробормотал:

– Ты знаешь, там, в окошке, какой-то зелёный бегемот...

Мама внимательно посмотрела на окно второго этажа, но, ничего не увидев, строго сказала:

– Дорогой, по ночам надо не работать, а спать...

Папа ещё раз посмотрел наверх и тоже ничего не увидел. Он недоумённо покачал головой, сел в машину и поехал на работу.

Если кто-то скажет вам, что знает, чем кормить дракона, то он просто-напросто врёт. Этого не знает никто. Но, как ни странно, шутка папы насчёт гренков оказалась правдой.

– Гы!.. – произнёс Дракоша, проглотив последний гренок, и стал обнюхивать карманы Паши.

– По-моему, он не наелся, – сказала Маша. – Что делать?

– Идти на кухню...

«Действительно, свежий воздух творит чудеса», – думала мама, глядя, как дети по очереди прибегают на кухню и просят поесть.

Через полчаса холодильник опустел наполовину.

Когда дракончик, понюхав заиндевелую сосиску, недовольно замотал головой, Паша и Маша с облегчением вздохнули:

– Кажется, наелся...

Но не тут-то было. Дракоша подошёл к окну, на котором стояла герань, принюхался...

– Стой! Цветы есть нельзя! – закричала Маша.

От испуга Дракоша выпустил герань из лап. Горшок с грохотом упал на пол.

– Что там у вас происходит?! – раздался снизу голос мамы.

– Ничего, мамочка!..

– У нас порядок!

– А вот мы это сейчас проверим!

– Мама, у нас полный порядок! – выскочил на лестницу Паша.

– Замечательно. Хочу на него полюбоваться.

– Мамочка, не надо! Ведь у тебя наверняка много дел... – начала канючить Маша, выскочившая вслед за братом.

Однако всё было бесполезно. Мама открыла дверь и...

– А это ещё что такое?! – в ужасе спросила она.

– Сейчас мы тебе всё объясним! – обречённо сказал Паша. – Видишь ли...

– Вижу, – покачала головой мама. – Полный порядок.

И, не говоря больше ни слова, ушла.

Дети осторожно заглянули в комнату. Дракоши не было. У окна лежал разбитый горшок. Занавески валялись на полу, игрушки раскиданы по всей комнате. Похоже, ребёнок не терял времени даром.

– Дракоша, ты где? – позвала Маша.

Дверца шкафа со скрипом приоткрылась, и из-за неё осторожно выглянула зелёная морда в панамке.

– Гы-ы-ы... – радостно сообщила она.

– Вот тебе и «гы»! – буркнул Паша.

Мама ушла на рынок. А дети принялись за уборку. Дракоша пытался помогать, но порядка от этого явно не прибавлялось. Поэтому его усадили на кровать, и он только вертел головой, наблюдая за Пашей и Машей.

Уборка была почти закончена, когда с улицы послышался голос:

– Хозяева! Есть кто дома?

– Кажется, кто-то пришёл! – выглянул в окно Паша.

– Сиди здесь тихо, – сказала Маша Дракоше. – Мы сейчас вернёмся.

У калитки стояла круглая румяная бабушка в цветном платке, похожая на матрёшку. В руке она держала корзинку, доверху наполненную зеленью и овощами. Это была местная жительница Клавдия Ивановна, которую все просто называли бабой Клавой.

– Здравствуйте, ребятки! А мама дома?

– Нет. Она пошла на рынок, – доложила Маша.

– Да зачем же на рынок?! – всплеснула руками баба Клава. – У меня и вкуснее, и дешевле. И картошечка, и морковочка, и зелень, и молочко. Вы любите молочко?..

Пока баба Клава беседовала с ребятами, дракончик, которому надоело сидеть в комнате, спустился по лестнице, вышел из дома, огляделся... и решительно заковылял к детям.

Увидев за спиной у старушки Дракошу, Паша оторопел и отчаянно замахал на него руками. Баба Клава истолковала это по-своему:

– Что, комарики кусают?

– Ага! – закивали дети и начали дружно бить себя по рукам и ногам, изображая борьбу с насекомыми.

На Дракошу это не произвело никакого впечатления. Гораздо больше его интересовало содержимое корзинки. Хорошо ещё, что Клавдия Ивановна была туговата на ухо и не слышала громкого чавканья.

– А комары у вас оттого, что трава не скошена. Вы бы лужайку-то покосили...

– Гы! – довольно сказал Дракоша и, дожевав последнюю морковку, вразвалку заковылял к малиннику.

Не удержавшись, Паша погрозил ему кулаком.

Баба Клава с удивлением посмотрела на него.

– Муху поймал! – объяснил Паша, показывая кулак.

– Молодец! – похвалила баба Клава. – Дайте-ка я вас угощу...

Сунув руку в корзинку, она начала шарить по ней и, ничего не найдя, с удивлением заглянула внутрь:

– Вот те на! Видать, корзину не ту взяла... Ладно, пойду я. А маме скажите, что завтра обязательно зайду.

Дракоша лежал в зарослях малины, выставив на солнце живот.

– Как тебе не стыдно, съел у старушки все овощи! – укоризненно сказал Паша.

– Гы-ы-ы, – ответил довольный Дракоша и похлопал себя по животу.

– Не «гы», а «ам-ам», – поправил его Паша.

– Ам-ам, – повторил Дракоша.

– Какой сообразительный, – поразился мальчик.

– А давай научим его разговаривать! – предложила Маша. – Ма-ма... Скажи: «мама»!

– Гы!

– Да не «гы-ы», а «мама». Ма-ма, – не сдавалась Маша. – «Мама» – это «ам-ам» наоборот! Ам-ам... Ма-ма!

– Ма-ма!

– Получилось! – радостно закричала Маша.

– А теперь скажи «папа», – ревниво сказал Паша. – Па-па, па-па…

Обучение шло полным ходом. Дракоша оказался на удивление способным учеником и в первый же день усвоил несколько слов. Правда, не обошлось без ссоры. Чтобы ускорить процесс, Паша решил давать за каждое новое слово конфету. Выученных слов становилось всё больше, а конфет всё меньше…

– Хватит! – не выдержала Маша. – Он ещё маленький! У него живот заболит!

– Ничего у него не заболит! – возразил Паша. – Тебе просто конфет жалко!

Второпях он забыл развернуть очередную конфету, и Дракоша проглотил её вместе с обёрткой.

– Ты что, с ума сошёл?! – закричала Маша на брата. – Теперь у него точно живот заболит! Я тебе говорила: не корми! Это мой Дракоша!

– Почему это он твой?!

– Потому что я его нашла!

– А я его «высидел»!

– Тоже мне, «папочка» нашёлся!..

– А ты «мамочка»!..

Потом они помирились. Потом снова поссорились… В общем, к вечеру Паша и Маша поняли, какое это трудное занятие – быть родителями.

– Ты знаешь, мне кажется, он очень умный, – расчёсывая перед сном волосы, сказала Маша. – Всего день от роду, а уже сколько слов знает!

– Вундеркинд! – зевнул брат.

Опасаясь, что родители обнаружат Дракошу, дети притащили в сарай старое одеяло и устроили там дракончику ночлег.

– Как ты думаешь, ему не холодно? – спросила девочка.

– Гы! – неожиданно раздалось из-под кровати.

Глава третья
«ЗЕЛЁНОЕ ПРИВИДЕНИЕ»

Один великий писатель сказал: «Если у соседа есть пушка, то она обязательно выстрелит». Кажется, так.

Пушка полковника выстрелила ровно в восемь утра. Маша подскочила на кровати.

– Дракоша, доброе утро! – сказала она, заглядывая под кровать. Но там никого не было.

– Кажется, я знаю, где он! – Паша подбежал к шкафу.

Шкаф был пуст.

Брат и сестра посмотрели друг на друга.

– Может, он решил дом осмотреть? – предположила Маша.

– Пошли скорее, пока его никто не увидел!

Папа, насвистывая арию из оперы «Севильский цирюльник», брился в ванной. Закончив бритьё, он снял очки, умылся и посмотрел в зеркало. Но вместо своего свежевыбритого лица Сергей Викторович увидел... зелёную морду.

– Странно я сегодня выгляжу, – удивился он и затряс головой.

Морда в зеркале тоже затрясла головой.

– Может быть, я заболел? – Сергей Викторович потрогал лоб рукой. Зелёное отражение тоже потрогало лоб рукой, точнее, когтистой лапой.

– Точно, заболел...

На всякий случай папа решил проверить, не обложен ли у него язык. Зелёная морда в ответ тоже высунула язык. Язык был чистый, но почему-то очень длинный...

Папа надел очки и... с облегчением вздохнул. Странное отражение исчезло.

– Да, Наташа права: ночью надо не работать, а спать. – Папа стал чистить зубы.

А «зелёная морда», спрятавшись за душевой занавеской, с интересом наблюдала за ним.

Когда Сергей Викторович вышел из ванной, Дракоша решил проверить, что это он такое вкусное ел. Зубная щётка дракончику не понравилась, а вот зубная паста...

– Гы-ы!.. – выдавив в рот содержимое тюбика, Дракоша довольно похлопал себя по животу.

Тем временем дети обыскали весь дом и участок и решили осторожно навести справки у родителей.

– Пап, а ты никакого кошмара сегодня не видел? – просунула Маша голову в дверь родительской спальни.

– Кошмара?.. – вздрогнул папа, завязывавший перед зеркалом галстук.

На секунду ему показалось, что из зеркала на него снова уставилось зелёное отражение. Сергей Викторович энергично затряс головой, и отражение исчезло.

– Нет! – твёрдо сказал он.

Завязывание галстука всегда было для Сергея Викторовича мучительным процессом. А в это утро тем более. Зелёное отражение не давало ему покоя. Папа провозился минут пятнадцать, пока окончательно не запутался в узлах.

– Серёжа, иди завтракать! Омлет стынет! – послышался голос мамы.

Стащив с себя галстук, папа вздохнул и пошёл на кухню. А из-под кровати высунулась зелёная когтистая лапа и потянулась к галстуку.

– Мам, а ты сегодня, случайно, кошмара не видела? – уплетая омлет, как бы невзначай поинтересовался Паша.

– Какого ещё кошмара? – не поняла мама.

– Ты же сама говорила, что на новом месте это бывает.

– Вы мне лучше вот что скажите, кошмарные дети: вы зубы почистили?

– Нет, мамочка. Зубная паста кончилась.

– Странно. Вчера ещё полный тюбик был. Правда, Серёжа?

Папа думал о чём-то своём, вяло ковыряя вилкой в тарелке.

– Серёжа, проснись! На работу опоздаешь! И не забудь надеть галстук!

Но галстук исчез.

– Не могу понять, куда он делся! – бормотал Сергей Викторович.

– Не волнуйся, – успокаивала его мама. – Как говорила одна моя знакомая: «У нас ничего не пропадает. Просто мы найти ничего не можем!»

– Но я же точно помню, что положил его на кровать!

– Я думаю, тебе просто надо взять выходной. А то что-то часто галстуки стали пропадать! – улыбнулась мама. – И дети тебя не видят!

– Почему не видят? Видят. – Сергей Викторович повернулся к дому, чтобы помахать детям рукой, и замер.

В окне детской комнаты он увидел знакомое зелёное отражение с его галстуком на шее. Отражение радостно помахало ему лапой.

– Вообще-то ты права. Наверное, мне действительно надо взять выходной. – И Сергей Викторович, не оглядываясь, направился к калитке.

– Не забудь купить зубную пасту! – крикнула ему вслед мама.

Расстроенные неудачными поисками, Паша и Маша поднялись к себе и наконец-то обнаружили Дракошу, деловито расхаживающего по комнате в папином галстуке.

– Дракоша! Ты здесь! – обрадовались они. – Где ты пропадал?

– Про-па-дал! – повторил Дракоша. – Па-па и ма-ма! Ам-лет сты-нет!

Поражённые его способностями, дети решили продолжить обучение.

Занятия были в самом разгаре, когда с улицы послышался жизнерадостный голос:

– Наташенька! Здравствуйте! Принимайте гостей!..

У калитки стояла Жанна Эдуардовна с мальчиком в белой рубашке и бабочке.

– Это ещё кто? – нахмурился Паша.

– Наша соседка, – сказала Маша. – С внуком, наверное.

– Главное, чтобы он сюда не припёрся. Пошли быстрей на улицу. А ты, Дракоша, посиди пока здесь. Только тихо...

– Ти-хо... – повторил Дракоша и, как только дети убежали, начал спускаться по лестнице. – Ти-хо, ти-хо...

Тюбик зубной пасты – не слишком сытный завтрак даже для небольшого дракона. Поэтому Дракоша сразу же направился на кухню, принюхиваясь к аппетитным запахам, долетавшим оттуда. Но еды на кухне не оказалось. Лишь под столом валялся оброненный Машей кусок печенья.

– Здравствуйте, дети! Познакомьтесь: это мой внук Максим.

– Очень приятно, – противным вежливым голосом сказал внук и шаркнул ножкой.

Паша и Маша переглянулись.

– Мы с вашей мамой пойдём побеседуем, а вы пока тут поиграйте, – сказала Жанна Эдуардовна.

– Хорошо, бабушка! – всё тем же противным голосом проблеял внук. Но только бабушка повернулась к нему спиной, он скорчил такую рожу, что дети не удержались и прыснули от смеха.

– Вот видите, Наташенька, – сказала Жанна Эдуардовна. – Они уже нашли общий язык.

А её внук тут же стащил с себя бабочку и протянул Паше руку.

– Макс, – сказал он совершенно нормальным голосом. – Хорошо, что вы приехали. А то от скуки сдохнуть можно!

– Максик у меня такой умный, – сказала Жанна Эдуардовна, усаживаясь за стол. – У него каждый день по восемь уроков. А потом ещё музыка, английский, немецкий и ещё японский!..

– Бедный ребёнок!.. – тихо вздохнула мама и спросила: – Жанна Эдуардовна, вам чаю или кофе?

– Пожалуйста, чаю.

– И-ли ко-фе... – послышалось из-под стола.

– Извините, не поняла, – переспросила мама.

– Чаю, – повторила Жанна Эдуардовна.

– Ча-ю, – донеслось из-под стола.

– Какое у вас странное эхо! – удивилась соседка.

– Не замечала, – пожала плечами мама и поставила на стол блюдо с печеньем. – Угощайтесь. Домашнее печенье. Вкусное.

– Гы! Вкусное... – раздалось из-под стола.

– Очень вкусное, – кивнула мама.

– Спасибо, милочка, но я мучного не ем, – замахала руками Жанна Эдуардовна. – У меня французская диета...

Пока соседка увлечённо рассказывала о французской диете, а мама заваривала чай, из-под стола появилась зелёная лапа и утянула всё печенье.

– Представляете, как тяжело держать такую диету?! – закончила Жанна Эдуардовна.

– Представляю, – сказала мама, увидев пустое блюдо. – Может быть, вы ещё варенья хотите?

– Разве что одну ложечку, – кивнула Жанна Эдуардовна.

Мама поставила перед ней чай и достала из шкафа трёхлитровую банку. По кухне разнёсся аромат клубничного варенья.

– Чудесно, – сказала Жанна Эдуардовна. – И чай у вас превосходный!

Сделав глоток, гостья поставила чашку на место. Точнее, хотела поставить... Потому что в этот момент стол покачнулся и несколько сдвинулся в сторону банки с вареньем.

– Ай! – Соседка вскочила как ошпаренная и начала пританцовывать. – Простите, я пролила чай!

– Ничего, – сказала мама. – Пойдёмте, я провожу вас в ванную.

Мама и Жанна Эдуардовна ушли, а в это время стол снова начал двигаться по направлению к варенью...

Пока на кухне шло это безумное чаепитие, дети времени зря не теряли. Они успели поиграть и в салки, и в прятки, и в индейцев.

Макс, приехавший неделю назад, уже всё вокруг облазил и знал соседские участки как свои пять пальцев.

– Слушай, а что это у нас за забором всё время стреляют? – спросил Паша.

– Да там какой-то полковник живёт. У него всё в колючей проволоке. И на калитке надпись: «Проход запрещён. Буду стрелять без предупреждения!»

– А ты что, туда лазил? – с завистью спросил Паша.

– Нет, – покачал головой Макс. – У него знаете какие собаки?

– Какие?

Вместо ответа Макс поднял с земли камень и кинул за забор. Оттуда сразу же раздался оглушительный лай. И пулемётная очередь.

– Сигнализация!

Маша на всякий случай отошла от забора подальше.

– А с другой стороны кто живёт? – спросила она.

– Чимурин. Садовод. У него на участке всё растёт. Даже бананы...

– Врёшь! – не поверил Паша.

– А вот и не вру. Сам пробовал. Только они невкусные. Ёлкой пахнут.

– Ты чего, того? – Маша покрутила пальцем у виска.

– Спорим? – Макс подвёл их к забору. – Вот. Смотрите!

Брат и сестра прильнули к щели и действительно увидели в центре участка ёлку, увешанную гроздьями бананов...

– Ничего себе... – выдохнул Паша. – А ещё что у него растёт?

– Ещё не успел попробовать, – честно признался Макс. – Времени не было. Знаете, как меня бабка пасёт?

И тут со стороны дома раздался голос Жанны Эдуардовны:

– Максим, домой!..

– Ну вот, я же говорил... – вздохнул Макс, надевая бабочку. – Ладно, я пошёл.

Но, сделав несколько шагов, он остановился.

– А это... это кто у вас? – спросил он, указывая на окно второго этажа, в котором маячил Дракоша.

– Это? – растерялся Паша.

– Это наш брат, – нашлась Маша.

– Ага, двоюродный, – кивнул Паша.

– А почему он такой зелёный?

– А у него эта... ветрянка! – сообразил Паша.

– И его намазали зелёнкой, – добавила сестра.

– Сильно, – одобрительно кивнул Макс. – Только вы бабке про него не говорите. А то она меня к вам больше не пустит...

– Макси-им!

Как только Макс и Жанна Эдуардовна скрылись за калиткой, дети бросились наверх.

– Дракоша, мы же просили тебя не выглядывать в окно, – укоризненно сказала Маша.

– По-че-му? – удивился Дракоша.

– Потому что... если тебя увидят, будут неприятности.

– Не-при-ят-нос-ти? По-че-му?

– Потому... Потому что ты ещё много чего не знаешь!

– По-че-му?

– Слушай, если ты перестанешь спрашивать «почему», мы тебе принесём что-нибудь вкусное, – пообещал Паша.

– Например клубничное варенье. Знаешь, какое оно вкусное?

– Гы! – кивнул Дракоша и вытащил из-под кровати пустую трёхлитровую банку.

Глава четвёртая
«ЗАКРЫВАЙТЕ КАЛИТКУ!»

Художники – это люди, которые во всём стараются увидеть красоту. А если её нет, то создать. Правда, это не всегда у них получается.

Мама глядела на мольберт и морщила нос: картина ей не нравилась. «Совсем рисовать разучилась!» – подумала она. Из-за переезда на дачу и разных хозяйственных дел Наталья Юрьевна почти неделю не брала кисть.

От грустных мыслей её отвлекла соседка Клавдия Ивановна, притащившая полную корзину зелени. Выложив содержимое корзины, она с любопытством посмотрела на холст.

На холсте были нарисованы незабудки. Старушка оглядела участок, но цветов на нём не обнаружила.

«Странные эти городские, – подумала проницательная баба Клава. – Своих-то цветочков нет... вот, наверное, и рисуют».

– А хотите я вам цветов дам? – спросила она маму и, немного подумав, добавила: – Бесплатно.

– Спасибо. Но как-то неудобно...

– Почему неудобно? У меня тележка есть. Ребятишки довезут. Зато красиво будет. Только траву покосите, уж больно всё у вас заросло... В общем, приходите!

– Обязательно придём, – кивнула мама.

– А вот калиточку вы зря не закрываете, – заметила баба Клава. – У нас в посёлке воры объявились. У Петровича, что напротив, весь инструмент увели. А у меня – молочный бидон. Вышла на огород, а его уже и нет. Говорят, люминий нынче в цене.

– Спасибо за предупреждение. Обязательно будем закрывать. – Мама попрощалась с соседкой и вернулась к мольберту.

Дракоша стоял у окна и внимательно смотрел, как мама водит кистью по холсту.

– Что она де-ла-ет? – спросил он у Маши.

– Рисует, – объяснила Маша.

– Ри-су-ет... Что та-ко-е ри-су-ет?

– Ну, картинки рисует, понимаешь?

Маша взяла с полки книжку и раскрыла её перед Дракошей:

– Вот, смотри, это книжка, а это – картинки...

Дракоша внимательно осмотрел книжку, потрогал её и даже понюхал.

– Видишь, вот здесь нарисована машина. А здесь – варенье.

– Ва-рень-е... – оживился Дракоша, разглядывая картинку.

– Нравится? Я сейчас тебе ещё покажу.

Пока Маша доставала книги с полки, Дракоша вырвал картинку с вареньем и начал её жевать. Затем выплюнул и сказал:

– Не-вкус-но...

– Ты что делаешь! – возмутилась Маша. – Картинки не едят! Их смотрят...

– По-че-му?

– Потому что это не вкусно, а красиво...

– Кра-си-во, – повторил Дракоша и со вздохом добавил: – Но невкусно.

В комнату вбежал Паша:

– Машка! Собирайся. Надо сходить к Клавдии Ивановне, помочь маме принести цветы...

– Веди себя хорошо! – сказала Маша Дракоше. – Можешь смотреть картинки. Только не ешь.

– Мы скоро вернёмся, а ты пока останешься один... – добавил Паша.

– Какой один?! Папа дома. У него же сегодня выходной, – напомнила Маша.

– Да он наверняка за компьютером сидит, – махнул рукой Паша. – Так что если и увидит, всё равно не заметит.

Паша был прав. Когда папа работал, вокруг могло происходить всё, что угодно: пожар, наводнение, землетрясение, цунами. На Сергея Викторовича это не оказывало никакого влияния.

Мама уже несколько минут стояла в комнате, ожидая, когда же её наконец заметят. Но папа увлечённо продолжал лупить по клавишам.

– Ну вот, – вздохнула мама. – Взял выходной, а сам опять за компьютером.

– Честное слово, я только закончу эту работу, – забормотал папа. – Даже не работу, а так, работку. Это совсем недолго...

– Знаю я твоё недолго, – покачала головой мама. – В общем, так! Мы сейчас пойдём за цветами. А ты встанешь и займёшься физическим трудом. Понял?

– Ага, – кивнул папа.

– Что ага? Пока нас не будет, ты должен скосить всю траву на участке.

– Ага! – снова кивнул папа, не отрываясь от монитора.

– Повтори, пожалуйста!

– На участке... – повторил папа.

– Молодец! – поцеловала его мама. – Не скучай. Мы ненадолго.

– Ага! – услышала она вслед.

Не успели мама с детьми выйти за калитку, а Дракоша уже спустился вниз. Первым делом он заглянул в ванную и съел новый тюбик с зубной пастой. После этого он отправился на кухню, но ничего интересного, в смысле вкусного, не обнаружил. Услышав щёлканье, доносившееся из папиного кабинета, Дракоша направился туда и увидел папу, стучащего пальцами по клавиатуре.

– Гы? – удивился он.

– Наташа, ты уже вернулась? – спросил папа, не отрываясь от компьютера.

– Гы! – ответил Дракоша, заглядывая Сергею Викторовичу через плечо. Ему было очень интересно, чем тот занимается.

– Мне совсем немного осталось! – сказал папа не оборачиваясь.

– Гы!

– Всего один файл. Честное слово! Совсем один...

– Сов-сем о-дин, – вздохнул Дракоша и, поняв, что играть с ним не будут, отправился на улицу.

Во дворе Дракоша увидел мамин мольберт. Он внимательно осмотрел нарисованные незабудки, потрогал их лапой и даже лизнул языком. Незабудки слегка смазались, и картина приобрела модный импрессионистский оттенок.

– Не-вкус-но... – сморщился Дракоша и, поглядев на картину, добавил: – Но кра-си-во.

Задумавшись, дракончик сорвал травинку и сунул её в рот.

– Гы! Вкусно... – И он голодным взглядом окинул лужайку перед домом.

К счастью производителей газонокосилок, мало кто знает, что голодный дракон гораздо лучше любой самой современной газонокосилки. Минут через пятнадцать лужайка напоминала аккуратно подстриженный английский газон.

– Гы!.. – потрогав свой заметно округлившийся живот, Дракоша завалился спать в сарае.

Тем временем к даче Дружининых подошёл человек в милицейской форме. Толкнув незапертую калитку, он осуждающе покачал головой:

– Ну, дают!

Милиционер зашёл во двор и направился к дому.

– Эй, хозяева! – позвал он, поднимаясь на веранду.

Ответа не последовало.

– Ну, дают!.. – повторил милиционер и двинулся дальше.

Наконец в кабинете он обнаружил папу и строго сказал:

– Гражданин, так нельзя!

– Что – нельзя? – поднял голову папа и увидел милиционера.

– Ну разве так можно? Калитка открыта. На вопросы не отвечаете. А если бы я был вором или бандитом?

– А вы кто? – спросил папа.

– Я? – поправил фуражку милиционер. – Я местный участковый, Огурцов. И хочу вас предупредить, что за последнюю неделю было совершено пять проникновений на дачные участки с соответствующими последствиями... А вы...

– Так у нас и брать-то нечего, – развёл руками Сергей Викторович.

– Нечего? – переспросил участковый и укоризненно покачал головой. – Давайте не будем! Сейчас всё тащат! Вон позавчера, например, три километра провода с высоковольтной линии сняли. Каскадёры... А у вас тут оргтехника импортная стоит. Вывод ясен?

– Ага! – кивнул папа.

– Вот вам и ага! Хотя бы калитку закрывайте.

– Ага! – кивнул папа и снова уткнулся в компьютер.

– Ну, эти городские! – вздохнул участковый, закрывая за собой калитку. – Что они есть, что их нет. Заходи и бери, что хочешь!

Как только участковый ушёл, над забором появились две головы.

– Слыхал, что сказал мент? – сипло произнесла одна.

– Заходи и бери, что хочешь, – повторила другая.

– Ну что, зайдём?.. – гоготнула первая.

Это были два местных жулика, Посиделов и Побежалов. Именно на их совести были и инструмент Петровича, и бидон Клавдии Ивановны, и три километра провода с высоковольтной линии, и ещё много чего.

– Эй, хозяева!.. – крикнул Посиделов, заходя на веранду. – Есть кто дома?

Ему никто не ответил.

– Ну, лопухи!.. – презрительно бросил Побежалов. – Даже неинтересно...

– Интересно – неинтересно, а работать надо! – назидательно сказал Посиделов.

Послав младшего напарника на второй этаж, Посиделов принялся обчищать кухню. «Обчищать» – вовсе не значит чистить, убирать

или вытирать пыль. Это означает: «брать то, что плохо лежит». А плохо лежало на кухне, по мнению Посиделова, всё. Впрочем, как и стояло, и висело. Поэтому и настенные часы, и электрический чайник, и даже лежавшие на столе ложки и вилки вскоре оказались в большом холщовом мешке. Посиделов уже завязывал мешок, когда на кухню ворвался взволнованный напарник.

– Там… Там… Там… – тыкал он рукой в сторону комнаты.

– Чего там-там? – весело хмыкнул Посиделов. – Негры с тамтамами, что ли?..

– Какие негры?! Там… там компьютер!

– Ну, так бери, – продолжая затягивать узел, сказал Посиделов. – Компьютер вещь хорошая!

– А за ним мужик сидит! – прошептал Побежалов.

– Ну и пусть себе сидит, – философски заметил Посиделов, закидывая мешок за спину и направляясь к выходу. – А мы пойдём потихоньку…

Спускаясь с веранды, младший всё время нервно оглядывался.

– Да ты не дёргайся! – успокоил его старший. – Эти компьютерщики все с приветом! В тюрьме столько не сидят, сколько они в своём Интернете.

Увидев стоящий в глубине участка сарай, Посиделов остановился:

– Надо заглянуть. Вдруг там что-нибудь нужное завалялось. Не оставлять же…

Когда жулики зашли в сарай, Побежалов по привычке аккуратно закрыл за собой дверь.

– Придурок, ты зачем двери закрыл! И так ничего не видно! – прикрикнул на него напарник.

– Гы! – проснулся от его крика Дракоша.

– И не гыкай мне! – строго сказал Посиделов.

– Это не я! – пожал плечами младший.

– А кто?

– Я! – радостно ответил Дракоша и положил лапу на плечо Посиделова.

Вы когда-нибудь видели улыбающегося дракона? Вот и Посиделов никогда до этой минуты не видел. Некоторое время в сарае стояла мёртвая тишина, а потом раздался отчаянный вопль. Жулики пулей вылетели из сарая и, перемахнув через забор, скрылись в неизвестном направлении.

Дракоша посмотрел им вслед и грустно вздохнул:

– Опять один...

Вскоре вернулась мама с детьми. Паша и Маша толкали перед собой тележку, которая напоминала маленькую клумбу с цветами.

Увидев идеально выкошенную лужайку, мама ахнула.

Как раз в это время на веранду, потягиваясь, вышел папа, решивший сделать небольшой перерыв в работе.

– Какой ты у меня всё-таки молодец! – поцеловала его мама. – Никогда бы не подумала, что ты умеешь так косить!

– Да? – с удивлением сказал папа. Но возражать на всякий случай не стал.

Не найдя Дракошу в комнате, дети бросились обыскивать участок и обнаружили своего воспитанника за сараем. Дракончик сидел на земле и перебирал вещи, брошенные жуликами.

– Дракоша, ты зачем притащил сюда всё это?! – поинтересовалась Маша.

– Дра-ко-ша не та-щил, – ответил тот. – Дра-ко-ша иг-рал.

– А убирать кто будет? Папа?! – сердито спросил Паша.

– И ма-ма, – кивнул Дракоша.

Глава пятая

ЗНАКОМСТВО С ДРАКОШЕЙ

Самое непонятное и неприятное слово на свете – слово «нельзя». Почему нельзя гулять, где и когда хочется? Почему нельзя громко разговаривать? Почему нельзя стучать хвостом по полу? Почему нельзя есть цветы?.. Попробуйте объяснить это маленькому дракону, который умнеет не по дням, а по часам и везде суёт свой любопытный нос...

Да и прокормить дракончика было не так-то просто.

– Серёжа, мне кажется, наши дети завели хомячка, – сказала мама, когда дети в очередной раз выскочили из-за стола с набитыми едой карманами.

– Ерунда, – отмахнулся папа. – Это всё свежий воздух и здоровый образ жизни.

Мама покачала головой. Она чувствовала, что у детей появилась какая-то тайна.

Однако рано или поздно всё тайное становится явным.

Завтрак подходил к концу, когда мама неожиданно спросила:

– Ну, дорогие мои и любимые. Что у нас происходит?

Паша и Маша вздрогнули и замерли. А папа удивлённо оглянулся по сторонам:

– А что происходит? По-моему, всё нормально.

– Да, мамочка! У нас всё нормально! – поддержали его Паша и Маша.

– Нормально? – покачала головой мама. – А куда исчезает зубная паста?

– Мне всегда казалось, что мы ею чистим зубы, – заметил папа.

– Разумеется. Но тюбик, а то и два в день – по-моему, это слишком!

– Почему? – пожал плечами папа. – Повысился же у детей на свежем воздухе аппетит. Может, у них от свежего воздуха и эта... как её... вычищаемость зубов повысилась.

– Ну, не настолько же! Таким количеством пасты можно вычистить зубы целому семейству аллигаторов.

– Или бегемотов! – пошутил папа и, что-то вспомнив, добавил: – Зелёных.

– Серёжа, мне сейчас не до шуток! – сказала мама. – Пойдём дальше. В доме исчезают вещи. Например папин галстук...

– Но ты же его нашла, – напомнил папа.

– Да... но где?

– Где?.. – заинтересовался Сергей Викторович.

– На заборе!

Дети с интересом посмотрели на папу.

– В последний раз я лазил через забор лет двадцать назад! – начал оправдываться он, но мама продолжала:

– Ну, допустим, галстук ты повесил на забор и забыл. С кем не бывает. Однако есть вещи, которые выше моего понимания. Как, например, вы объясните мне вот это...

Мама эффектным движением распахнула дверцу холодильника...

Глаза у детей широко раскрылись. А Сергей Викторович присвистнул:

– Ничего себе! Вот это запас!..

Холодильник сверху донизу был аккуратно заставлен обувью: папины выходные ботинки, мамины резиновые сапоги для огорода, Пашины кроссовки, Машины сандалии с оторванной лямкой и даже туфельки её любимой куклы Лизы.

– И кто же это сделал?

– Это не я! – торопливо сказал папа. – Честное слово!

– Верю, – кивнула мама. – У тебя бы так аккуратно не получилось.

– А вы что скажете? – поглядела она на детей.

– Это не мы, – замотали головами Паша и Маша.

– Я почему-то так и думала, – улыбнулась мама. – И поэтому приготовила специальный приз за честность. Кто скажет правду, получит двойную... нет, тройную порцию мороженого!

– А какое мороженое? – оживился папа.

– Торт-мороженое!

– Жалко, что это сделал не я... – вздохнул Сергей Викторович.

Паша и Маша начали шептаться.

– Ну, так кто же это? – внимательно посмотрела на них мама.

– Это я!

В дверях кухни стоял Дракоша и радостно улыбался.

– Это я! – повторил он и добавил: – Мороженое – это вкусно...

На минуту на кухне воцарилась тишина. Затем мама ойкнула и, выпустив торт из рук, начала пятиться, пока не уперлась спиной в буфет.

Папа отреагировал более спокойно.

– Это галлюцинация! – объявил он и ущипнул себя за руку. Но Дракоша не исчез. Тогда Сергей Викторович подошёл к Дракоше и осторожно ущипнул его за лапу.

– Гы?.. – удивился Дракоша.

– Нет, это не галлюцинация, – констатировал папа и сел мимо стула.

– Это Дракоша! – сказала Маша.

– Дракоша! – гордо повторил тот.

– Какой Дракоша? Откуда? Я ничего не понимаю... – слабым голосом произнесла мама.

– Не волнуйся! Мы сейчас всё объясним! Мы нашли его в сарае...

Перебивая друг друга, дети стали рассказывать, как они нашли странное яйцо и принесли его в дом, как положили его рядом с калорифером и что, точнее, кто из этого получился...

– Фантастика! – воскликнул папа и тут же добавил: – Ненаучная. Потому что я всё-таки не понимаю...

– А я понимаю, – неожиданно заявила мама. – Я всё понимаю. Ну, дракон. Ну, настоящий. Ну, вылупился из яйца. Что тут непонятного? Я одного не могу понять: почему обувь в холодильнике?

– В холодильнике, – радостно кивнул Дракоша.

– А я, кажется, понял, – сказал Паша. – Ты сама вчера говорила, что мы везде разбрасываем вещи. И что тебе не хватает только обуви в холодильнике...

– Говорила, – вспомнила мама.

– Вот твоя мечта и сбылась. Полный холодильник обуви, – хмыкнул папа.

Дети засмеялись.

– И нечего смеяться! – оборвала их мама. – Наконец-то в доме появился хоть один человек, который делает то, что я прошу!

– Дракоша! – поправил её Дракоша.

– Извини, пожалуйста!

Мама подняла торт и протянула его Дракоше:

– Чуть не забыла! Это тебе – приз за честность.

Пока Дракоша на кухне уплетал заработанный им приз, за стеной решалась его судьба.

– Он очень хороший! – пыталась убедить родителей Маша.

– И что мы с ним, очень хорошим, будем делать? – поинтересовался папа.

– Как – что? Он у нас будет жить!

– Но как вы себе это представляете? А если его увидят соседи? Или он кого-нибудь укусит? – спросила мама.

– Он не кусается! – сказал Паша.

– Он очень добрый! – поддержала его Маша.

– Кстати, а что он ест? – подозрительно спросил Сергей Викторович.

При этих словах на веранде появился Дракоша с пустой коробкой из-под торта.

– Всё! – сообщил он, выпятив перепачканный мороженым живот.

– Кажется, я начинаю понимать, куда девалась зубная паста...

– Между прочим, отличный пример для наших детей, которые не очень любят чистить зубы, – заметил папа. – Так что я – за!

– Серёжа, дракон в доме – это очень серьёзно, – сказала мама.

– Дракоша, – поправил её дракончик.

– Извини, Дракоша, я ещё не привыкла. Вот когда поживёшь у нас немного...

– Ура! Дракоша остаётся! – завопили дети.

– Ладно. Уговорили... – махнула рукой мама.

Глава шестая

ДОМ ДЛЯ ДРАКОШИ

Безусловно, Паше и Маше с родителями повезло. В некоторых семьях детям не разрешают заводить даже кошек и собак, не говоря уже о драконах. Впрочем, и самые лучшие папы и мамы используют своё родительское положение в корыстных целях.

– Дракоша остаётся у нас, – сказала мама. – Но за это вы...

– Конечно, мамочка! Всё, что хочешь!

– ...поможете мне сажать цветы.

Честно говоря, помощники из детей были никудышные. У Паши от лопаты вздулись мозоли, а Маша посадила себе занозу и тихонько постанывала. Маме это надоело, и она попросила их заняться поливкой.

– Чур я первый! – схватился за лейку Паша.

– Почему это ты первый? – потянула лейку к себе Маша. – Мне тоже хочется!

– Хочется – перехочется! Я старше!

– А младшим надо уступать!

– Обойдёшься!

Паша дёрнул лейку. Да так сильно, что опрокинул её на себя. А Маша, не удержавшись, уселась на свежевскопанную клумбу.

– Молодцы! – сказала мама. – А сейчас марш в дом мыться и переодеваться!.. Мы тут с Дракошей сами управимся.

Действительно, дракончик работал за троих. Рыча, как небольшой трактор, он старательно боронил землю лапой, оставляя за собой глубокий пропаханный след.

– У тебя замечательно получается! – похвалила его мама.

– Гы! – улыбнулся во всю пасть Дракоша.

Потом они сажали цветы. Дракоша выкапывал ямки, а мама опускала в них рассаду. Когда всё было готово, они отошли в сторону и посмотрели на клумбу.

– Гы!.. Красиво... – сказал Дракоша.

– Очень красиво! – согласилась мама.

– Наташенька! – От калитки донёсся голос Жанны Эдуардовны.

– Дракоша, прячься! – скомандовала мама.

Дракоша лёг за клумбой и слился с газоном.

Мама быстро двинулась навстречу соседке, надеясь отвлечь её внимание.

– А этой клумбы у вас не было, – заметила наблюдательная Жанна Эдуардовна. – Ах, какие милые цветочки!

Она наклонилась к клумбе и... увидела глядящие прямо на неё огромные глаза.

– Ой! – моргнула Жанна Эдуардовна.

Глаза тоже моргнули.

Жанна Эдуардовна заморгала сильнее.

Глаза заморгали в ответ.

– Наташа, что это?

– Где?

– Вон там... Очень на глаза похожи...

– Ах, это… Анютины глазки!
– Какие они большие! И ещё моргают…
– Это такой новый сорт. Клавдия Ивановна дала.
– Мне кажется, они меня гипнотизируют! – пробормотала Жанна Эдуардовна, не отрывая взгляда от клумбы.
– Это вам кажется, – успокоила её мама.
– Вы думаете? – с надеждой спросила соседка. – Ну, тогда я пойду. Что-то я себя неважно чувствую…

После ухода Жанны Эдуардовны мама срочно собрала семейный совет:
– Нам надо решить, где будет жить Дракоша! Нельзя, чтобы его видели.
– Пожалуй, ты права, – согласился с ней папа, живо представив себе заголовки газет: «Сенсация! Дракон среди нас!.. Парк юрского периода на даче у Дружининых!»
– Пусть живёт у нас в комнате, – сказала Маша.
– А если приедут гости или зайдут соседи? – спросила мама.
– У нас же есть прекрасный сарай! – радостно воскликнул папа.
– Может, он, конечно, и прекрасный, но всё-таки сарай, – сказала мама. – Я бы, например, в нём жить не согласилась…
– А если сделать ремонт? – подал мысль папа.
– Я – за, – улыбнулась мама. – Только потом не говори, что это была моя идея!..

Сарай освободили от дров. Мама приготовила банки с краской и кисти, и под её художественным руководством все приступили к покраске. Сергей Викторович, Паша и Дракоша красили стены в зелёный цвет, мама и Маша рисовали на зелёном фоне белые ромашки.
Работа была в самом разгаре, когда возле сарая появилась баба Клава с корзинкой:
– Здравствуйте! А я вам сметанки принесла…

– Ой, кто это? – застыла она, увидев Дракошу, увлечённо водившего кисточкой по стене.

– Это, это... – растерялся папа. – Паша, как же ты испачкался! Весь в краске! С ног до головы!

– Гы? – удивился Дракоша, не зная, что ответить.

Из-за сарая донеслось негромкое хихиканье Паши и Маши.

– А-а... – понимающе закивала головой баба Клава. – Сарай красите? Ну, не буду вам мешать. Сметанку я здесь оставлю...

Она поставила банку на землю, ещё раз поглядела на Дракошу и добавила:

– Только баночку в краске не испачкайте!

После покраски занялись благоустройством сарая. Папа с Пашей притащили небольшой диванчик и журнальный столик. Мама вымыла окошко и постелила на пол коврик.

– Красота! – воскликнул папа, протискиваясь в дверь с вешалкой.

– Серёжа, а зачем Дракоше вешалка?

– Как – зачем?.. А вдруг он линять начнёт? Будет куда запасную шкуру повесить.

– Да, я об этом как-то не подумала, – засмеялась мама и показала на свисающую с потолка лампочку. – Если уж у тебя такая светлая голова, может, придумаешь, что нам с этим убожеством делать?

Когда папа задумывался, он чесал в затылке. Может быть, именно поэтому в его соломенной шляпе сверху была дыра.

– Знаешь, я думаю... – начал он, но мама не дала ему договорить:

– Серёжа, ты гений!

Через секунду гений остался без головного убора, зато над лампочкой появился соломенный абажур.

– Оригинально! – одобрил папа и начал прибивать вешалку.

Меткость бывает разной. Сергей Викторович с первого же удара попал по пальцу. Приплясывая, он выскочил из сарая и стал дуть на палец.

– Папочка, тебе больно? – посочувствовала Маша. – Дай я подую.

Дракоша с интересом наблюдал, что она делает.

– А можно, я тоже подую? – и, набрав побольше воздуха, дунул.

Сергей Викторович куда-то исчез.

– Папа, ты где?! – испуганно закричала Маша.

Метрах в десяти от них, в зарослях малинника раздался треск. Тяжело кряхтя, из кустов выбрался папа:

– Вот это лёгкие. Ураган!

– Ты это... больше того... не дуй! – погрозил он пальцем. – Надо же! А палец прошёл. Совсем не болит...

Ремонт был почти закончен. Маша и Паша принесли из своей комнаты горшки с цветами, поставили их на окошко, и стало совсем как дома. Почти.

– Нет, чего-то здесь всё-таки не хватает, – говорила мама, расхаживая по сараю. – Дракоша, как ты думаешь?

– Гы! – на всякий случай ответил Дракоша.

Честно говоря, он ни о чём не думал, а просто ходил за мамой Наташей по пятам. Ходил, ходил и нечаянно наступил на подол её платья. Раздался треск рвущейся материи...

– Гы! – вздохнул Дракоша.

– Не расстраивайся. – Мама погладила Дракошу по голове. – Зато теперь я, кажется, поняла, что нам нужно!

Вскоре на окне висели занавески из маминого платья.

– Прекрасные занавески, – сказала мама. – А это платье мне давно надоело.

Семья стояла перед входом в отремонтированный сарай.
– Ну, кто войдёт первый? – спросила мама.
– Вообще-то первой в новое жильё принято пускать кошку! – заметил папа.
– Зачем нам кошка, когда у нас Дракошка! – закричала Маша.

– Кошка в доме нужна, чтобы мышей ловить, – наставительно произнёс Сергей Викторович.

– Что такое – мышей? – спросил Дракоша.

– Мыши – это такие милые маленькие зверьки, – объяснила мама и, повернувшись к папе, укоризненно сказала: – И ловить их совсем не обязательно!

– Сдаюсь, был не прав, – поднял руки папа. – Готов искупить свою вину...

Он побежал в дом и вскоре вернулся с небольшим свёртком:

– Дракоша, это тебе. Подарок на новоселье.

– Что это? – заинтересовались дети.

– Очень необходимая вещь... Коврик для мыши.

– Серёжа, ты неподражаем! – с восхищением сказала мама, и все вошли в домик.

За окном стемнело. Но сверху уютно светила лампа под абажуром из старой соломенной шляпы. На столе стоял букет ромашек. Дети и Дракоша забрались на диван, а папа и мама уселись на скамеечках.

– Ну, что, Дракоша, нравится тебе здесь? – спросил папа.

– Нравится! – сказал Дракоша. – Очень красиво.

– Да, – кивнула мама. – Я бы и сама не отказалась здесь пожить...

– И я! – сказал Паша.

– И я! – сказала Маша.

– Нет, я!

– Нет, я!

– Стоп! Вы, кажется, забыли, что это дом для Дракоши, – прервала спор мама.

– А ты, кажется, забыла про праздничный пирог, – напомнил папа.

– С вами обо всём забудешь! Ладно, сейчас принесу. Серёжа, ты мне поможешь?

Папа и мама отсутствовали недолго.

– А вот и мы! – сказал папа, появляясь в дверях с самоваром.

За папой вошла мама. Она несла большой пирог с воткнутыми в него свечками.

– Праздничное чаепитие объявляю... – торжественно начал Сергей Викторович.

– Тсс! – шепнула мама. – Не шуми.

На диване, прижавшись друг к другу, спали дети и Дракоша.

А на компьютерном коврике свернулась калачиком маленькая серая мышка.

Глава седьмая

КОШМАРНЫЙ ЗАВТРАК

Семья Дружининых собралась у дверей ванной, чтобы понаблюдать, как Дракоша чистит зубы. Никто не хотел пропустить это зрелище.

Польщённый общим вниманием, Дракоша взял тюбик и мгновенно выдавил его в рот.

– Во даёт, – присвистнул Паша.

– Молодец! Даже не поморщился, – одобрительно кивнул папа.

– Дракоша, – вздохнула мама, – зачем ты ешь зубную пасту?

– Вкусно.

– Зубную пасту не едят. Ею чистят зубы.

– Гы?

– Смотри! – Маша взяла зубную щётку и, выдавив на неё остатки пасты, стала показывать, как чистят зубы.

– А зачем? – спросил Дракоша.

– Чтобы зубы не выпали, – объяснил Паша.

– Гы! – испуганно сказал Дракоша. Выхватив у Маши щётку, он стал с такой силой водить ею по зубам, что щётка тут же сломалась.

– Неплохо, – сказал папа. – Похоже, придётся каждый день закупать не только пасту, но и зубные щётки.

– Не придирайся. Он ведь ещё маленький, и его всему нужно учить. – Мама погладила Дракошу по голове.

Через пять минут все сидели за столом. Все, кроме Дракоши.

– Дракоша, а ты что стоишь? – спросила мама. – У тебя стула нет?

– Есть, – сказал Дракоша, продолжая стоять.

– Дракоша, садись, – сказала Маша.

– Гы...

– Он не может, – наконец догадался Паша. – Ему хвост мешает!

Действительно, хвост упирался в спинку стула. Папа обошёл вокруг Дракоши, повертел в руках стул, немного подумал и радостно сказал:

– Есть техническая идея. Нужно выпилить в стуле дырку для хвоста.

У Паши тут же созрело другое предложение:

– А зачем выпиливать? Надо взять и привезти из города Машкин стульчик с дыркой!

Мама нашла самое простое решение. Она принесла из комнаты табуретку.

– Садись, Дракоша.

Дракоша, сопя, взобрался на табуретку.

– Что у нас сегодня на завтрак? – поинтересовался папа.

– Овсянка, сэр, – открыла мама кастрюлю с дымящейся кашей.

– Опять овсянка, – вздохнул Паша.

– Мама, а что такое овсянка? – спросил Дракоша у Маши.

– Овсянка – это... – одновременно начали Маша и мама. И одновременно замолкли.

– Так... по-моему, мама – это я! – сказала Наталья Юрьевна.

– Вот мама, – показал Дракоша на Машу.

– Интересно, а я тогда кто же? – поинтересовалась мама.

– Наверное, бабушка, – хмыкнул папа.

– Ба-буш-ка! – повторил Дракоша.

– Ну уж нет, – не согласилась мама. – Вот лет через десять – пятнадцать, пожалуйста.

– Да, программа дала сбой, – задумался папа. – Насколько я понимаю, у нас в семье одновременно две мамы. Мама Маша и мама Наташа.

– Мама Наташа, – повторил Дракоша.

– Вот это совсем другое дело. Папа Серёжа, давай-ка свою тарелку...

Получив свою тарелку с кашей, Дракоша тут же запустил в неё лапу и начал облизывать.

– Дракоша, ты что делаешь? – возмутилась Маша.

– Дракоша ест. Вкусно. – Дракоша снова запустил лапу в тарелку.

– Конечно, спасибо за комплимент, – поблагодарила мама, – но вообще-то лапой кашу не едят...

– Гы! – кивнул Дракоша и опустил в тарелку морду.

– Дракоша, кашу едят ложкой, – попыталась остановить его мама. Но тарелка была уже чисто вылизана.

– Зато посуду мыть не нужно, – сказал папа.

– Да он не наелся. – Наталья Юрьевна положила дракончику добавку.

Маша передвинулась к Дракоше и стала учить его пользоваться ложкой. Дракоша очень старался. Поэтому половина каши оказалась на учительнице, а половина – на ученике.

– Чудная картина, – сказал папа, глядя, как Дракоша старательно вылизывает Машу. – Интересно, как он справится с чаем?..

– Ладно тебе издеваться над ребёнком. – Мама поставила на стол вазу с печеньем. – Бери, Дракоша!

Дракоша придвинул вазу к себе и начал запихивать печенье в рот.

– Эй, ты что делаешь?! – возмутился Паша.

– Мама Наташа сказала: «Бери!», – ответил Дракоша, продолжая хрустеть.

– Это печенье для всех, а не для тебя одного, – объяснила Маша.

– Для всех? – Дракоша задумался, а затем стал раздавать печенье. – Это маме. Это папе. Это маме Наташе. Это папе Серёже. А это, – показал он на остатки печенья, – Дракоше.

– Ну, что же, воспитательный процесс пошёл, – заметил папа. – Первые достижения налицо.

Мама разлила чай по кружкам.

Дракоша взял кружку и тут же поставил её обратно.

– Гы... – обиженно сказал он. – Гы-ря-чо.

– А ты подуй, – посоветовал ему Паша.

– Не-е-е-е-ет! – закричал папа.

Но Дракоша уже дунул...

– Наташа, где у нас чистые рубашки? – мужественно произнёс ошпаренный Сергей Викторович.

– Я провожу папу, – сказала мама детям. – А вы объясните Дракоше, как себя вести за столом.

Когда мама вернулась, урок подходил к концу.

– Когда заканчиваешь есть, нужно вытереть рот салфеткой и сказать спасибо, – объяснял Паша.

– Гы? А что такое сал-фет-ка?

– Салфетка – это такой бумажный носовой платок, – пояснила Маша.

– А что такое но-со-вой пла-ток?

– Платок? – задумалась Маша. – Это такая маленькая скатерть!

– Гы? А что такое ска-терть?

– Вот она. – Паша показал на стол. – Понял?

– Понял! –Дракоша радостно потянул на себя скатерть. Чашки и тарелки с грохотом посыпались на пол.

– Спасибо! – вытирая пасть скатертью, сказал Дракоша.

– Пожалуйста!.. – вздохнула мама.

Глава Восьмая

ОХОТА НА ДРАКОНА

Не бывает никого вреднее младшей сестры. Если, конечно, не считать старшего брата.

– А я говорю: в куклы!

– А я говорю: в футбол!

Дракоша удивлённо переводил взгляд с Маши на Пашу.

– Дракоша, пойдём играть в куклы! – потянула его к себе Маша.

– Нет, в футбол! – потянул в другую сторону Паша.

Неизвестно, чем бы это закончилось, если бы не появилась мама:

– А я бы предложила Дракоше сыграть в одну очень полезную игру.

– В какую?! – в один голос спросили дети.

– В прятки.

– А почему она полезная?

– Лучше, чтобы никто из посторонних не видел Дракошу, – объяснила мама. – Поэтому ему надо научиться хорошо прятаться.

Сначала Дракоша не мог понять, зачем его искать, если он здесь. Но затем так спрятался, что Маша обыскала всю дачу, а дракончика так и не нашла.

– Я так не играю! – обиженно заявила она.

– Дракоша, мы сдаёмся! Ты где? – крикнул давно «застуканный» Паша.

Из малинника вылез довольный Дракоша:

– Гы! Я здесь!

– Странно, – удивилась Маша. – Мы там три раза искали, а тебя не заметили.

– Просто он весь зелёный. Вот его в кустах и не видно, – сообразил Паша.

– Дракоша, давай лучше ты нас будешь искать! – предложила Маша.

– Гы! – кивнул Дракоша, и игра началась снова.

– Дракоша, а где Паша и Маша? – спросила мама, выходя на веранду.

– Папа в бочке, мама в кустах.

Из кустов тут же появилась Маша, а из-под бочки выбрался Паша.

– Так неинтересно!

– Он нас везде находит, – пожаловалась Маша. – Дракоша, ну как это у тебя получается?

– Не знаю. Я вас вижу, даже если не вижу.

– Как это – вижу, даже если не вижу?! – возмутился Паша. – Ты, наверное, подсматриваешь.

– Дракоша не подсматривал, – заступилась за него мама. – Он вас носом чует.

– А во что же тогда с ним играть?

– Сыграйте в шашки. Только посидите у Дракоши в сарае. Сегодня обещала зайти Клавдия Ивановна.

– Как играют в шашки? – поинтересовался Дракоша.

– Сейчас покажу, – сказал Паша, расставляя шашки на доске. – Это вот мои шашки, это твои. Ходи.

– Хожу!.. – Дракоша обошёл вокруг стола.

– Да не так! Ходить – это не значит ходить. То есть не совсем ходить, а как бы ходить... – запутался Паша.

– «Как бы ходить»? – удивился Дракоша.

– В общем, в шашках ходят вот так! – Паша передвинул шашку. – Понял?

– Не-а!.. – замотал головой Дракоша.

– Ладно, потом объясню! – махнул рукой Паша. – Давай дальше. Если я пойду вот так, то ты можешь съесть эти шашки... Понял?

– Понял! – Дракоша сгрёб шашки с доски и засунул их в рот. Немного пожевал и выплюнул: – Невкусно!

– Просто ты их неправильно ешь, – мрачно заметил Паша.

– А как их есть правильно?

– Давайте лучше поиграем во что-нибудь другое! – предложила Маша.

– Тётя Наташа, а ребята дома? – послышался со двора голос Макса.

– Дети, к вам Макс пришёл поиграть, – позвала мама.

– Я тоже хочу играть, – направился к двери Дракоша.

– Сейчас нельзя, – остановил его Паша. – Потом поиграем!

– Почему потом?

– Мы же тебе сто раз говорили, что тебя никто не должен видеть!

Дети пошли на улицу, а Дракоша грустно посмотрел им вслед.

– Привет! – поздоровался Макс, подходя к сараю. – Ух ты, как вы его разукрасили. Что у вас там?

– Туда нельзя! – строго сказала Маша.

– Почему?

– Там... Там у мамы мастерская. И она никого туда не пускает!

– А-а, – разочарованно протянул Макс. – А вы чего делаете?

– Да так, ничего, – пожал плечами Паша.

– А давайте поиграем?

– Во что?

– В прятки!

– Неохота! В прятки мы уже играли!

– А хотите в следопытов? Или в охотников?

– На кого охотиться-то? На лягушек, что ли?

– Устроим охоту на дракона!

– На какого дракона? – насторожился Паша.

– Вы что, драконов не видели? – спросил Макс.

– Ещё как видели! – запальчиво крикнула Маша. Но, получив от Паши тычок, добавила: – В кино!

– Вот и отлично, – потёр руки Макс. – Тогда надо запастись оружием.

– А у нас оружия нету, – радостно сообщила Маша, не желая охотиться на драконов даже понарошку.

– Сейчас будет! – Макс поднял палку с земли, придирчиво осмотрел и протянул Паше: – Вот, держи! Это знаменитый Меч-Хвосторуб, отрубивший не одну сотню драконьих хвостов. А я возьму себе копьё.

– Какое копьё?

– Копьё Георгия Победоносца! Я его ещё в прошлый раз нашёл. – Макс достал из малинника старую лыжную палку.

На роль щитов подошли крышка от кастрюли и какая-то заржавленная железяка с ручкой. Макс ударил в неё палкой. С железяки посыпалась ржавчина.

– Отличный щит. – Макс поглядел на красную футболку Паши. – Ты будешь Красным Рыцарем. А я – Белым, – добавил он, показывая на свою белую рубашку.

Правда, белой она оставалась недолго. Макс споткнулся и упал.

– Ладно, буду Чёрным Рыцарем. – Он тщательно размазал грязь по рубашке.

Экипировка была закончена, и «охота на дракона» началась. Рыцари, оглядываясь по сторонам, пробирались вдоль забора. Маша шла за ними.

– Тсс!.. – остановился Макс. – Я чувствую, что логово дракона где-то рядом.

– Я тоже, – подхватил увлёкшийся игрой Паша. – Я вижу его след...

– Паш, ты чего?.. – испуганно сказала Маша, стирая ногой следы Дракоши, которые не заметил зоркий Чёрный Рыцарь.

– Не вмешивайтесь в рыцарские дела, Прекрасная Дама! – заявил Макс. – Ваше дело – стоять прикованной к дереву и ждать, когда вас спасут из лап кровожадного дракона.

– И вовсе он не кровожадный! – возмутилась Маша. – Да ты хоть одного дракона видел?

– Я?! Я победил целых семнадцать драконов! – ударил себя в грудь Макс.

– И ты их совсем не боишься?

– Ни капли!..В общем, стой здесь, а когда появится дракон – кричи. Я тебя спасу.

– Ладно, – согласилась Маша. – Закричу. Обязательно.

Доблестные рыцари исчезли в лопухах. А Маша посмотрела им вслед, покрутила пальцем у виска и побежала в сарай:

– Дракоша, хочешь поиграть?

– Хочу!

– Тогда слушай... – Маша наклонилась к Дракоше.

Красный Рыцарь и Чёрный Рыцарь в это время как раз попали в засаду. Точнее, в заросли крапивы. Они отчаянно рубили её направо и налево:

– Вот вам, ядовитые семена дракона!

Перед таким могучим натиском не устояло бы никакое войско. Враги падали как подкошенные. Победа была очевидной. Но в самый разгар битвы послышался крик Маши:

– На помощь! Спасите!

– Чёрный Рыцарь идёт на помощь! – Потрясая копьём, Макс устремился к сараю... и неожиданно налетел на Дракошу.

– Гы!.. – улыбнулся Дракоша. – Я страшный и кровожадный дракон Дракоша. Будешь со мной играть?

Макс ничего не ответил. Он испарился как роса. Или рассеялся как туман. В общем, на траве остались лишь крышка от кастрюли и лыжная палка.

– Мама! Куда подевался Чёрный Рыцарь? – удивился Дракоша.

– Удрал! – хихикнула Маша.

– А почему он не стал со мной играть?

– Потому что он трус и хвастун!

– Ты что наделала?! – налетел на сестру Паша.

– А нечего было хвастаться!

– Ага! Теперь он всем разболтает!

– Не разболтаю!..

Дети задрали головы и увидели сидящего на сосне Макса.

– Слезай! Не бойся, он не кусается! – ехидно сказала Маша.

Слезать с дерева всегда гораздо труднее, чем на него залезать. Но уже через каких-нибудь полчаса охотник на драконов был на земле.

– Класс! И вправду настоящий! – прошептал он, дотрагиваясь до Дракоши.

– Только не вздумай проболтаться! – предупредил Паша.

– И вы бабке не говорите. А то она меня точно к вам больше не пустит.

Тем и закончилась «охота на дракона». В честь Прекрасной Дамы был устроен рыцарский турнир. В нём приняли участие сразу три рыцаря: Красный, Чёрный и Зелёный. А потом мама позвала всех пить компот.

– Слушай, а ты не лопнешь? – забеспокоилась Маша. – Ты ведь уже три кружки выпил!

– А Макс сказал, что бывают драконы с тремя головами, – отставил кружку Дракоша. – Почему у меня одна?

– Просто ты таким родился, – сказала мама.

– А откуда берутся драконы? – спросил Дракоша.

– Их в капусте находят! – хихикнула Маша.

– Гы? А откуда они берутся в капусте?

– Их аисты туда приносят, – добавил Паша.

– Дети, хватит! – строго сказала мама. – Дракоша ещё маленький и не понимает шуток...

– Серёжа, а ты знаешь, откуда берутся драконы? – спросила вечером мама у папы.

– Конечно знаю, – кивнул Сергей Викторович. – Их находят в капусте.

– Серёжа!

– Шучу. На самом деле их находят дети на дачах...

– Да ну тебя! Я серьёзно! – засмеялась мама. – Например, ты знаешь, что бывают драконы с тремя головами?

– И с тремя, и с семью, и с девятью. А что?

– А то, что ребёнок начал задавать вопросы и интересуется своей родословной.

– Растёт.

– Вот именно! Так что завтра купи, пожалуйста, всё, что найдёшь о драконах.

– Хорошо. Только не забудь напомнить с утра. У меня-то уж точно не три головы.

Глава девятая
ДРАКОША УЧИТСЯ ЛЕТАТЬ!

Существует множество книг о собаках, о кошках, о слонах и жирафах, о том, чем кормить рыбок, и о том, как разводить хомяков, и даже о том, как ухаживать за тараканами. А вот о драконах – ничего...

– Ничего научного и даже популярного, – сообщил папа, вернувшись с работы, и достал из портфеля единственную книжку. – Вот. Только сказки.

– Это как раз то, что нужно! – обрадовалась мама.

Вечером в доме Дракоши состоялось семейное чтение.

– «...К скале была прикована прекрасная девушка, которая горько плакала, – с выражением читала мама.

– Кто ты, о, прекрасная незнакомка? – спросил её доблестный Монселот.

– Я принцесса Перлипам. Дочь славного короля Гонзаго. Сейчас здесь появится ужасный дракон, который должен меня съесть. Уходи, о, храбрый рыцарь!..»

– Папа, – дёрнул Дракоша Пашу за руку, – а почему дракон хочет съесть принцессу?

– Потому что голодный! А пряников в магазин не завезли! – сострил Паша.

– Правда? – спросил Дракоша.

– Паша, не морочь ребёнку голову! – сказала мама и продолжила чтение: – «– Я убью дракона и спасу тебя, о, прекрасная Перлипам! – произнёс Монселот.

Вдруг небо потемнело. Взмахивая огромными крыльями, к ним стремительно летел дракон...»

– А разве драконы летают? – открыл рот от удивления Дракоша.

– Конечно летают! – сказала Маша. – Мамочка, ну, читай дальше.

– «Из его пасти вырывались клубы дыма и языки пламени...»

– Клубы дыма и языки пламени... – как зачарованный, повторил Дракоша, разглядывая картинку, на которой был изображён огнедышащий дракон. – Красиво... Папа, мама, а как делают языки пламени?
– Вот так! – сказали дети и одновременно высунули языки.

В этот вечер Дракоша долго не мог уснуть, ворочался и вздыхал. А под утро ему приснилось, что он летит по небу, взмахивая огромными крыльями, а из пасти у него вырываются клубы дыма и языки пламени.

Дракоша, заложив лапы за спину, задумчиво бродил по двору. Время от времени он останавливался и дул. Потом разочарованно качал головой и шёл дальше.

Под забором Дружининых остановились два пятиклассника.

– Ну что, закурим? – спросил один, доставая из кармана пачку «Явы».

– Не, – покачал головой второй. – Я бросил. Ещё в третьем классе...

– Зря. – Первый щёлкнул зажигалкой.

– Ну ладно, уговорил, – сказал второй и потянулся к пачке.

Не успели они сделать по паре затяжек, как над забором появилась драконья голова:

– Гы! Клубы дыма и языки пламени...

Сигареты и зажигалка остались под забором, а пятиклассников как ветром сдуло.

Жанна Эдуардовна у себя в саду пила фруктовый чай, когда над участком Дружининых появились клубы дыма.

– Неужели пожар? Не может быть! – забыв про французскую диету, соседка съела огромный бутерброд.

Дым продолжал валить.

– Пожар! – Жанна Эдуардовна проглотила ещё один бутерброд, допила чай и, не мешкая ни секунды, набрала «01»...

Пожарная машина с воем остановилась у дома Дружининых. В калитку вошли двое в касках. Первым шёл майор Долгопрудный, представительный мужчина с усами и с папкой под мышкой. Следом за ним тащил брандспойт худенький белобрысый рядовой Угольков.

– Чего тушить-то? – спросил Угольков, водя брандспойтом то в одну, то в другую сторону.

– Спешить – людей смешить. Сейчас выясним, – остановил его Долгопрудный. – Так, гражданочка. Где тут у вас возгорание?

– Какое возгорание? – растерялась мама.

– Значит, возгорания не было? Прекрасно! – обрадовался майор, раскрыл папку и начал писать. – Так и запишем: ложный вызов – раз, бензин туда-обратно пятьдесят восемь литров – два...

– Чего тушить-то?! – рвался в бой Угольков.

– Да погоди ты! – одёрнул его Долгопрудный. – Плюс амортизация техники, суточные, вода, электроэнергия, газ, телефон...

– Постойте! – прервала его мама. – Какой телефон? У нас нет телефона.

– Как нет? Так это не вы звонили? – нахмурился майор.

– Нет.

– И у вас ничего не горит? – подозрительно спросил Долгопрудный.

– Ничего.

– Стоп. Одну секундочку. – Долгопрудный принюхался, пошевелил усами. – Нехорошо обманывать, гражданка! Есть возгорание!

Отодвинув маму, он решительно направился в дом.

– Есть возгорание! Есть! – обрадовался Угольков и ринулся вслед за начальством.

На кухне майор сразу же выявил очаг возгорания.

– Так, что у вас тут горит? – строго спросил он, указывая на тоненькую струйку дыма, выползающую из плиты.

– Ой, совсем забыла! Пирог!.. – бросилась к плите мама.

– Тушить? – навёл брандспойт на плиту Угольков.

– Спасать! – отдал приказ майор.

Пожарные и мама сидели за столом и пили чай со спасённым пирогом.

– Вы поймите нас правильно, – объяснял маме Долгопрудный. – У нас в день до десяти ложных вызовов бывает. Приходится бить рублём по карману. Вот и над вами кто-то подшутил: ложный вызов сделал...

– И совсем не ложный. Вы пирог спасли, – улыбнулась мама.

– А можно ещё кусочек? – потянулся к пирогу Угольков.

– Отставить! – скомандовал майор. – Необходимо срочно осуществить проверку участка на предмет противопожарной безопасности! А я проведу проверку в доме... – И он отправил в рот ещё один кусок пирога.

– Уходя, обязательно выключайте электроприборы, – прощаясь с мамой, сказал Долгопрудный. – И главное: не курите в постели!

– Спасибо, но у нас никто не курит.

– А это что? – показал майор пустую пачку из-под сигарет и груду окурков.

– Откуда это?! – удивилась мама.

– Найдено при осмотре территории за сараем! – отрапортовал Угольков.

– Вот именно. За сараем. – Долгопрудный многозначительно поднял палец вверх и подкрутил усы. – А так всё в порядке. Противопожарная безопасность у вас на уровне. Пирог был очень вкусный! Если будет ещё возгорание, обязательно звоните. С удовольствием приедем.

Пожарные уехали. Мама ещё раз взглянула на окурки, вздохнула и пошла к папе.

– Серёжа, ты должен поговорить с Пашей.

– Я сегодня с ним уже говорил, – ответил папа, не отрываясь от компьютера. – Два раза.

– Серёжа, кажется, он начал курить. Поговори с ним, как мужчина с мужчиной...

«Мужской разговор» папа начал так:

– Паша, ты знаешь, я тоже курил в твоём возрасте.

Паша удивлённо посмотрел на него и покачал головой:

– Папа, я не курю!

– У меня снизилась успеваемость. – Сергей Викторович не слушал сына. – Появились четвёрки, тройки, двойки... единицы... нули...

– Папа, я не курю! – отчётливо произнёс Паша.

Но папу было уже не остановить:

– Девочки перестали давать мне списывать... Я стал плохо себя вести, начал кашлять, а потом вообще сломал ногу!..

– ПАПА, Я НЕ КУРЮ! – что есть силы крикнул Паша.

– Да?.. А кто же тогда курит? Неужели Маша?..

Как раз в этот момент Маша вбежала на кухню:

– Мама, Дракоша заболел!

– Что с ним? – встревожилась мама.

– Не знаю. Наверное, простудился. Лежит на диване и кашляет.

Мама вошла в сарай, принюхалась и сразу всё поняла.

– Дракоша, скажи, пожалуйста, зачем ты курил?

– Клубы дыма и языки... кхи-кхи... – закашлялся Дракоша.

– Бедный глупенький дракончик! – Мама погладила его по голове.

В тот же день состоялось большое «родительское» собрание.

– Вот видите, до чего доводят сказки! – строго сказал папа.

– А разве тебе в детстве не хотелось побыстрее стать взрослым? – спросила его мама. – Например, покурить?

– Никогда! – гордо ответил папа.

– Папа, но ты ведь курил в четвёртом классе! – заметил Паша.

– Кто это тебе сказал?! – возмутился Сергей Викторович.

– Ты сам. Полчаса назад.

– Да?.. – Папа на всякий случай перевёл разговор на другую тему. – Вы мне лучше вот что скажите: какие ещё вредные привычки есть у драконов?

Толком ответить на этот вопрос никто не смог. Поэтому Паше было поручено внимательно изучить сказки о драконах, а Сергею Викторовичу привезти из города «Мифы народов мира».

Между тем Дракошей овладела новая идея. Маша с интересом наблюдала, как он бегает за бабочкой, размахивая лапами.

– Тебе нужна бабочка? Давай я поймаю! – предложила она.

– Не нужно, – замотал головой Дракоша. – Она летает. Дракоша тоже хочет летать!

Но сколько Дракоша ни махал лапами, толку не было никакого.

– Не расстраивайся, – сказала девочка. – Просто ты ещё маленький, и у тебя не выросли крылья.

– А скоро они вырастут?

– Не знаю... – честно призналась Маша.

– Всё равно Дракоша будет летать!

Драконье упрямство не знает границ. Дракоша пробовал взлетать и с разбега, и с пригорка, и с дерева. И всё напрасно. Разбег был слишком коротким и всегда оканчивался забором. Пригорок был слишком низким, и Дракоша пропахал носом небольшую грядку. Дерево было гораздо выше пригорка, но выяснилось, что драконы не очень хорошо приспособлены для лазанья по деревьям.

«К счастью», – подумала мама Наташа, наблюдавшая за Дракошей из кухни.

Вечером, собираясь ложиться спать, Паша обнаружил, что у него пропала подушка.

– Машка, это ты стащила?

– Нужна мне твоя подушка! У меня своя есть! – заявила сестра и обнаружила, что её подушка тоже исчезла.

Над головой у них вдруг что-то загрохотало.

– По-моему, там кто-то ходит! – вздрогнула Маша.

– Да кто там может ходить? – удивился Паша.

– Кажется, я знаю кто, – прошептала девочка и с криком: «Папа! Мама!» – бросилась вниз по лестнице.

Через минуту все стояли на улице и с замиранием сердца смотрели на крышу дома. Там, на самом краю, размахивал лапами Дракоша.

– Дракоша! Дракошечка! Слезай, пожалуйста! – умоляли его Паша и Маша.

– Дракоша хочет летать! – послышалось сверху.

– Папа! Ну, сделай что-нибудь!.. – заплакала Маша.

– Дракоша! Не смей прыгать! Сейчас же слезай! – прикрикнул папа. – Я кому сказал?!

– Дракоша прыгнет! Дракоша полетит!

– Ну, если ему так хочется, пусть прыгает, – неожиданно согласилась мама.

– Ты что! – закричал папа. – Он же разобьётся!

И в этот момент Дракоша шагнул с крыши...

Все невольно закрыли глаза. А когда открыли, увидели лежащую на земле гору подушек, а на ней невредимого и довольного дракончика.

– Гы! Дракоша полетел!

– Дракоша, нельзя лежать ногами на подушке! – строго сказала мама. – Встань, пожалуйста.

– Никогда бы не подумал, что ты такая бессердечная, – сказал папа.

Он подошёл к Дракоше и похлопал его по плечу:

– А ты молодец! Догадался подушки подложить...

– Гы! Дракоша не клал подушки!

– Ну, я положила, – сказала мама. – Но стирать я сегодня не буду! Спать будете на грязном!

Глава десятая
ГДЕ СПИТ СОЛНЕЧНЫЙ ЗАЙЧИК?

Дракоша сидел у себя и листал книжку о драконах. Вдруг он почувствовал, что на него кто-то смотрит. Дракоша огляделся: в комнате никого не было. Принюхался: никем не пахло...

И всё-таки кто-то на него смотрел.

Дракоша поднял глаза кверху. По потолку прыгал кто-то маленький и жёлтый...

– Гы? – удивился Дракоша. – Ты кто?

Странное существо не ответило.

– Зачем ты залез на потолок? – спросил Дракоша.

Маленький и жёлтый молча продолжал прыгать.

– Меня зовут Дракоша. А тебя как?

Маленький и жёлтый замер, а затем перепрыгнул на другое место.

– Можно, я тебя поглажу? – Дракоша забрался на стул. Но стул вдруг закачался – и Дракоша свалился на пол.

Когда он поднялся, на потолке никого не было.

– Гы! – вздохнул Дракоша.

Во дворе Маша воспитывала куклу.

– Лиза, ну посмотри на себя! – сердито говорила она, вертя зеркальце перед куклой. – С утра надо причёсываться. И тогда все будут тебя любить. Как меня...

Она полюбовалась на себя в зеркальце и поправила причёску, которую ей с утра сделала мама.

– Ладно, уговорила, – сказала Маша кукле. – Сделаю тебе такую же. Все просто упадут.

– Мама, я упал... – сказал подошедший к ней Дракоша. – Я только хотел с ним познакомиться, а он убежал!

– Кто убежал?

– Такой маленький, жёлтый.

– А-а... – сразу догадалась девочка. – Цыплёнок!

– Цы-плё-нок... – повторил по слогам Дракоша. – Он прыгал по потолку.

– Не говори глупостей! – сказала Маша. – Цыплята не могут прыгать по потолку!

– А он прыгал!.. Я сам видел!

– Какой же ты упрямый, – нахмурилась девочка. – Почти как моя Лиза.

В этот момент солнце вынырнуло из-за небольшого облачка, луч его отразился в зеркальце, и по стене сарая запрыгал солнечный зайчик.

– Мама, смотри, вот он! – прошептал Дракоша.

– Да это же просто солнечный зайчик! – засмеялась Маша.

Зеркальце в её руке дрогнуло, и солнечный зайчик исчез.

– Ну вот, – расстроился Дракоша. – Ты испугала зайчика. А я так хотел с ним познакомиться.

– Не расстраивайся! Сейчас я тебя с ним познакомлю.

Маша направила зеркальце на Дракошу. И солнечный зайчик оказался у него на животе. Дракоша замер, боясь пошевелиться.

– Мама, а можно, я его поглажу?

– Конечно можно! – сказала Маша, и зайчик прыгнул в раскрытую ладонь Дракоши.

– Тёплый... – прошептал Дракоша.

– Это потому, что он солнечный, – объяснила Маша.

– И такой маленький...

– Это потому, что зеркальце маленькое. Хочешь, я научу тебя пускать солнечного зайчика?

Вскоре солнечный зайчик запрыгал по всему участку: по траве, по деревьям, по забору... Заглянул он и на кухню. Немного попрыгал по стенам, на секунду задержался на мамином лице и поскакал дальше.

«Как мало надо детям для счастья!» – зажмурившись, подумала мама Наташа.

Дракоша не выпускал зеркальце из лап до самого вечера. Ужинать он пришёл, лишь когда село солнце. Вид у Дракоши был очень несчастный.

– Что случилось, Дракоша? – спросила мама.

– Зайчик убежал.

– Зайчик? – Папа удивлённо поглядел на маму. – Наташа, ты что, решила кроликов разводить?

– Это не простой зайчик. А солнечный...

– А-а... Солнечный. Ну, тогда другое дело.

– А куда он убежал? – спросил Дракоша.

– Ну-у... – задумался Сергей Викторович. – Наверное, он проголодался и пошёл домой ужинать.

– А после ужина он придёт?

– Нет, – покачал головой папа. – После ужина все зайчики ложатся спать.

– А утром?

– А вот утром он придёт обязательно! – успокоила мама.

Утром Дракоша проснулся от стука. Кто-то стучал по крыше.

– Зайчик, это ты? – Дракоша схватил лежащее рядом с подушкой зеркальце и посмотрел на потолок. Там никого не было.

Дракоша выглянул в окно. Никого. Небо было серым. И всюду капала вода.

– Он не пришёл... – вздохнул он, появившись на кухне.

– Это потому, что нет солнца, – сказала мама. – А в плохую погоду солнечные зайчики сидят дома.

– Но он же стучал!

– Это не он. Это дождь.

– Дождь?

– Дождь – это вода, которая льётся с неба, – объяснила Маша.

– А кто это делает?

– Понимаешь, Дракоша, – включился Паша. – Дождь никто не делает. Он идёт сам.

– А почему он идёт к нам? Пусть идёт в другое место, – сердито сказал Дракоша.

– Это только так говорят: «дождь идёт». А на самом деле он не идёт.

Дракоша радостно вскочил из-за стола и высунулся из окна. На нос ему упала капля.

– Идёт, – снова загрустил Дракоша.

После завтрака дождь полил ещё сильнее. Погрустнели и Паша с Машей. Делать на улице было совершенно нечего. Дома тоже.

– Тоска!.. – вздохнул Паша.

– Да-а... – согласилась с ним Маша. – Даже телевизора нет...

– Слушай, а может, папа даст на компьютере поиграть? Маш, сходи попроси!

– Почему это я? Лучше ты...

– Ну что тебе, трудно, что ли?

– Ты хочешь играть, ты и проси!

– А вот возьму и попрошу!

– А почему это ты?!

Брат и сестра посмотрели друг на друга и рванули к отцовскому кабинету.

– Пап, можно мне поиграть на компьютере? – спросил запыхавшийся Паша.

– Почему это тебе?! – влетела следом Маша.

– Потому что я первый!

– А почему это ты всегда первый?!

– Потому!..

– Стоп! – строго сказал Сергей Викторович. – Если вы хоть немного помолчите, то узнаете, кто будет первым...

– Кто?!

– Я! – показал на себя папа. – А вы лучше займитесь чем-нибудь полезным.

– А чем?

Папа задумался, но, как назло, ничего полезного ему в голову не приходило. Неизвестно, сколько бы он думал, если б не появился Дракоша:

– Папа Серёжа, а когда дождь уйдёт?

– Вот именно! – с облегчением воскликнул Сергей Викторович. – Объясните ребёнку, что такое дождь и когда он уйдёт... И вообще займитесь его начальным образованием!

Вечером дети пожаловались, что Дракоша ничего не понимает.

– Мы ему и про дождь, и про снег объясняли, и про осень, и про зиму, – перечисляла Маша.

– Значит, плохо объясняли, – развёл руками папа. – Объяснять надо на простых примерах...

– А ты сам попробуй! – с вызовом сказал Паша.

– Запросто! – Папа снял с гвоздя дуршлаг. – Вот, к примеру, возьмём дождь...

– Это дождь? – спросил Дракоша, указывая на дуршлаг.

– Пока нет. Это ещё только туча. А вот другая. – Папа взял в другую руку чайник. – И тут две тучи сталкиваются!

Он с грохотом ударил дуршлаг чайником.

– Гремит гром! Льётся дождь!

Папа наклонил чайник, но воды в нём не оказалось.

– Извините, это были не дождевые тучи. – Папа налил в чайник воды и снова столкнул две «тучи».

На этот раз «дождь» удался. Паша еле успел убрать из-под него печенье.

– Видишь, пошёл дождь!

– Вижу, – заворожённо сказал Дракоша.

– А за ним – град! – крикнул папа и начал разбрасывать по кухне горох из банки.

– Град! – восторженно кивнул Дракоша.

– Наступает осень. Облетают листья... – Папа огляделся по сторонам. – Наташа, где у нас лавровые листья?

– На верхней полке.

– Облетают листья! – достав пакетик с лаврушкой, папа подбросил его вверх, и листья закружились по кухне.

– Дует ветер. – Сергей Викторович изо всей силы подул на листья.

– Ну, папа! – Маша брезгливо достала лавровый лист из своей чашки.

– Ничего не поделаешь, осень! – развёл руками папа.

– Гы!.. Осень! – отреагировал Дракоша.

– А теперь, – папа широко распахнул холодильник, – зима!

– Пап, а может, не надо? – осторожно попросил Паша.

– Надо, – твёрдо ответил тот, выискивая что-то в холодильнике.

– Если ты ищешь муку, то она на нижней полке. Только не в холодильнике, а в шкафу, – подсказала мама, уже с «осени» наблюдавшая «смену времён года».

– Спасибо. – Сергей Викторович шагнул в сторону шкафа, но поскользнулся на рассыпанном по полу горохе и загремел.

– Ничего не поделаешь. Гололёд, – вздохнула мама, помогая ему подняться.

– Ну что, Дракоша, теперь понял? – спросил папа, держась за поясницу.

– Ага! – кивнул Дракоша.

– Потерпи немного. – Мама растирала папе ушибленную поясницу.

– Понимаешь, я хотел объяснить ему... – поморщился папа.

– Что значит хотел? Ты просто прирождённый педагог! Ты всё замечательно объяснил.

– Не всё, – вздохнул папа. – Я не смог объяснить Дракоше, где спит солнечный зайчик...

Ночью в детской скрипнула дверь и в комнату осторожно вошёл Дракоша. Он подошёл к Пашиной кровати и тихонько спросил:

– Папа, ты спишь?

– Угу. – Паша перевернулся на другой бок.

– Папа! – потряс его Дракоша за плечо.

– Что?! Что случилось? – Паша сел в постели, протирая глаза.

– Папа, я нашёл, где спит солнечный зайчик! – радостно сообщил Дракоша.

– Да? И где? – зевнул Паша.

– Вот здесь! Смотри! – Дракоша поднёс к лицу Паши фонарик и нажал на кнопку. – Здорово, гы?!

Глава одиннадцатая
ЛОХ-НЕССКОЕ ЧУДОВИЩЕ

Рядом с крыльцом Дракоша увидел замечательную палку.

«Хороший меч!» – подумал он, разглядывая её. Палка была гладкая и лёгкая

– Защищайтесь! Зелёный Рыцарь вызывает всех на бой! – Дракоша взмахнул палкой и... застыл от удивления. Палка выросла.

Дракоша осторожно ткнул палкой в крыльцо – она уменьшилась.

– Наверное, это волшебный меч!

Он побежал показать свою находку Паше и Максу.

– Папа, смотри, какой я нашёл меч! – закричал Дракоша, размахивая палкой.

Телескопическая удочка раскрылась и угодила Паше прямо в лоб.

– Здорово, правда?! – обрадовался Дракоша.

– Здорово... – пробурчал Паша. – Только это не меч, а удочка.

– А что такое удочка?

– Это то, чем ловят рыбу.

– А как ловят рыбу?

У Макса тут же созрела идея:

– Завтра идём на рыбалку! Подъём в четыре утра!

– Я согласна, – сказала Маша. – Только почему так рано?

– Во-первых, в это время у рыб самый клёв, – объяснил Макс. – А во-вторых, у бабки самый сон. Позже она проснётся и меня не отпустит...

– Может, попозже, – вздохнула Маша. – А то у нас тоже в четыре самый сон.

– Вот и спи себе! – вмешался Паша. – Рыбалка – это мужское дело!

– Да ты сам спишь до обеда! – возмутилась Маша и сказала Максу: – Вот увидишь, он проспит...

– А вот и не просплю! Спорим?

– Ну, ладно, – сказал Макс. Он не любил, когда брат с сестрой ссорились. – Я пойду, а вы собирайтесь. И не забудьте червей накопать.

– Ты накопаешь червей, – проводив друга, объявил Паша сестре.

– Почему это я?!

– Потому что у меня ещё куча дел перед рыбалкой: удочки подготовить, леску, крючки, поплавки, ну и вообще... – сказал Паша и ушёл.

– Ненавижу червяков. Они противные... – надулась Маша. – Дракоша, накопай, пожалуйста, червяков. А то у меня столько дел перед рыбалкой...

– Хорошо, мама, – кивнул Дракоша. – А какие эти червяки?

– Ну, они длинные такие. В земле живут. Копнёшь – увидишь...

Папа и мама пили на веранде чай, когда до них донеслось:

– Посмотрите, какого я червяка нашёл!

– Пойдём посмотрим, – потянула мама за рукав папу.

– Да что я, червяков не видел?

Но мама была непреклонна:

– Пойдём, Серёжа. Надо же разделить с ребёнком радость.

Посреди участка родители увидели внушительный холм земли. На дне глубокой ямы или, скорее, небольшого котлована стоял Дракоша и держал в руках кабель. Концы кабеля уходили в землю.

– Правда большой червяк? – спросил довольный Дракоша.

– Замечательно большой червяк! – улыбнулась мама. – Молодец!

– Только у меня есть подозрение, что если этот молодец вытащит этого червяка, то весь посёлок останется без света! – шепнул ей папа.

– Что ты сказал, папа Серёжа? – переспросил Дракоша.

– Я сказал, что это просто великолепно большой червяк. Только такой червяк для рыбалки не годится. Его ни одна удочка не выдержит.

– Да? А что же делать? – расстроился Дракоша.

– А ничего. Ты и так уже всё сделал. Вон сколько у тебя тут червяков ползает. – Папа показал на кучу земли. – Осталось только собрать их в банку. А потом закопать яму...

– Не надо, – сказала мама. – Нам давно уже нужна новая яма для мусора...

В четыре часа утра сонный Макс с удочкой стоял у калитки. Он дёрнул за ручку, но калитка не открылась. Макс дёрнул посильнее. Раздался вой сирены и лай собак. Макс решил, что спросонок перепутал

калитки Дружининых и Пал Палыча, и уже собирался удрать, как вдруг калитка открылась и из неё высунулась голова Паши:

– Что, уже пора?

– Ага, – выдохнул Макс. – А что это было?

– Это я нашу калитку с Пал Палыча верёвкой соединил. Классный будильник получился!

Следом за Пашей из калитки появились Маша и Дракоша. Дракоша был одет в длинный плащ, а на голове у него красовалась старая фетровая шляпа.

– Чего это вы его так вырядили? – удивился Макс.

– Не вырядили, а замаскировали...

– Вдруг его кто-то увидит, – пояснил Паша.

– Неплохая маскировка. Только чего-то не хватает...

Макс достал из кармана тёмные очки и нацепил их на нос Дракоше:

– Вот теперь полный порядок. Вылитый Джеймс Бонд!

Завернув в переулок, ребята нос к носу столкнулись с бабой Клавой.

– Куда это вы в такую рань? – удивилась она.

– На рыбалку! Вот! – Паша стал демонстрировать свою удочку, стараясь отвлечь внимание от Дракоши.

Но у бабы Клавы взгляд был намётанный:

– А кто это с вами такой... в шляпе?

– Это? Это... наш дядя! – ляпнул Паша первое, что пришло в голову.

– А чего он такой зелёный? – продолжала разглядывать Дракошу соседка.

– А это... это у него болезнь такая! – нашёлся Паша. – Он в Африке работал.

– В Африке... Ну, тогда понятно, – закивала старушка.

Она посмотрела им вслед и, увидев торчащий из-под плаща хвост, сочувственно вздохнула:

– Эк его там, в Африке-то...

Когда дети пришли на озеро, над водой ещё стлался туман. Макс и Паша поплевали на червяков, закинули удочки и стали ждать.

Дракоша от нетерпения вертел головой и тихонько бил хвостом:

– Папа, а когда мы будем ловить рыбу?

– Мы уже ловим, – пояснил Паша. – Видишь поплавок? Если он нырнёт, значит, рыба клюёт.

– А разве у рыбок есть клюв? – удивился Дракоша.

– Ты бы ещё сказал – крылья! – хихикнула Маша.

– Между прочим, у некоторых тропических рыб крылья есть, – обернулся к ней Паша. – Они так и называются: летающие рыбы.

– Папа, а где поплавок? Он утонул? – спросил Дракоша.

Все поглядели на воду. Действительно, поплавка не было.

– Пашка, тащи скорей! Сорвётся! – заорал Макс.

Паша потянул удочку вверх, но она не поддавалась.

– Наверное, крючок зацепился, – вздохнул Паша. – Придётся нырять.

Он отложил удочку и нехотя стал снимать ботинки.

– Гы! Можно, я нырну?!

– Дракоша, не надо! – закричали дети.

Раздался всплеск, и Дракоша исчез под водой.

Плеск был такой, что его услышали на другой стороне озера. Двое рыбаков в резиновой лодке переглянулись.

– Слыхал, как плеснула? – заметил один. – Щука, поди!

– Ага, – кивнул другой. – Килограмм на десять потянет.

Это были знакомые нам Посиделов и Побежалов. После встречи с Дракошей они долго не могли прийти в себя, и всё наворованное просто валилось у них из рук. Поэтому Посиделов решил, что на время стоит сменить профессию и заняться более полезным для здоровья браконьерством.

– Во-первых, – объяснял он напарнику, – работа на свежем воздухе. Во-вторых, меньше опасность производственного травматизма. В-третьих, рыбная ловля успокаивает нервную систему.

Неподалёку опять раздался громкий всплеск.

– А сеть нам эта рыбина не порвёт? – занервничал Побежалов.

– Наша сеть даже акулу выдержит. Главное, не забыть, где мы её поставили, – сплюнул Посиделов. – Греби давай.

Браконьеры обнаружили сеть и начали её вытаскивать. Сетка оказалась полна рыбы.

– Я же говорил! – довольно потёр руки Посиделов. – Работа – «не бей лежачего»! Красота...

– Точно! – поддержал его Побежалов. – Если эту рыбу продать, то сколько можно килек в томатном соусе накупить?! Прикинь, да?

Но прикинуть они не успели: прямо перед ними вынырнул Дракоша, тоже заинтересовавшийся содержимым сети.

– Караул! Спасайся! – услышал Дракоша и на всякий случай нырнул обратно.

Когда он вынырнул, лодка была пуста.

Дракоша огляделся, но никого ни в озере, ни на берегу не увидел.

Браконьеры пришли в себя только на краю посёлка. Причём абсолютно голые – чтобы легче было плыть, они сбросили всё с себя в озере...

Конечно, плыть без одежды легче, но вот идти без неё не слишком удобно. Однако возвращаться за одеждой не хотелось.

– Да ну её! – махнул рукой Побежалов. – У кого-нибудь новую стащим.

– Не стащим, а позаимствуем... – поправил его Посиделов, прикрываясь лопухом.

Дракоша приплыл к берегу в лодке с сетью, полной рыбы. Так как хозяев лодки обнаружить не удалось, её вытащили на берег, а рыбу решили забрать домой, как законный улов Дракоши.

Неподалёку от дома ребята увидели толпу, окружившую двух полуголых людей. Это были Посиделов и Побежалов в юбках, «позаимствованных» на огороде у бабы Клавы.

Закрыв Дракошу собой, дети тихонько прокрались вдоль забора. Но на них и так никто не обратил бы внимания. Всё внимание было направлено на Посиделова и Побежалова. Неудачливые браконьеры, наверное, уже в десятый раз повторяли свой рассказ. Причём каждый раз с новыми леденящими душу подробностями:

– Плывём мы себе, значит... Никого не трогаем, рыбку ловим, природой любуемся. И тут прямо перед лодкой выныривает во-о-от такая морда...

Посиделов так развёл руками, что стоящие рядом слушатели еле успели пригнуться, а с участкового Огурцова слетела фуражка.

– Извините! – побледнел Посиделов, увидев милицейскую форму.

– Ничего-ничего, продолжайте, – кивнул Огурцов, поднимая головной убор.

И они продолжили... Слушатели будто воочию увидели, как огромное чудовище, высунув из воды безобразную голову, откусило пол-лодки. Как отважные рыбаки, отбиваясь вёслами, плыли на оставшейся половине. Как страшилище сожрало и эту половину лодки, а также их резиновые сапоги и их одежду...

Жанну Эдуардовну во время рассказа несколько раз приводили в чувство. Под конец даже Огурцов снял фуражку и вытер пот со лба. После чего с чувством пожал рассказчикам руки.

– Спасибо за проявленную бдительность, товарищи! – сказал он и обратился к окружающим: – А вас я попрошу не поддаваться панике и временно воздержаться от посещения вышеупомянутого водоёма, во избежание съедения неопознанным плавающим объектом...

Окружающие закивали головами и быстро разошлись по домам. Некоторые даже разбежались и на всякий случай заперли за собой все двери и окна. Мало ли что?

Обо всех этих событиях не знали только в доме Дружининых. Дети и Дракоша играли в прятки, мама жарила рыбу, а папа сидел за компьютером и работал.

Известно, что оторвать папу от работы не могли ни пожар, ни наводнение, ни землетрясение, ни цунами. Но запах жареной рыбы...

Сергей Викторович поднял голову, принюхался и немедленно отправился на кухню.

– Какой запах! – воскликнул он. – Это что – рыба? Откуда?

– Ребята принесли! – Мама перевернула рыбу.

– Ничего себе! – присвистнул Сергей Викторович, глядя на свесившийся из сковородки хвост.

– Это всё Дракоша поймал! – сообщила мама.

– Моя школа! – гордо сказал папа. Он собирался добавить ещё что-то, но в этот момент на кухню ворвалась Жанна Эдуардовна:

– Наташенька, Сергей Викторович, ни в коем случае не пускайте детей на озеро!

– А в чём дело? – забеспокоилась мама.

– В нашем озере обнаружили чудовище!

– Какое ещё чудовище? – удивился папа.

– Лох-несское... – округлив глаза, прошептала соседка.

– А вы ничего не путаете? – осторожно спросил папа. – Ведь оно обитает в Шотландии.

– Вот именно! Я только что своими глазами это от двух шотландцев слышала!

– Каких ещё шотландцев? – совсем запутался папа.

– Самых обыкновенных – в юбках. Они сюда приехали на рыбалку, а чудовище их чуть не съело!

– Наверное, родную кровь почувствовало... – философски заметил Сергей Викторович.

– Вы всё шутите, а ведь могут быть и дети... – Заметив удивлённый взгляд родителей, соседка тут же добавила: – Съедены. Кстати, вы моего Максима не видели?

– Кажется, он с нашими ребятами гуляет.

– Надо их срочно предупредить! – И Жанна Эдуардовна ринулась на поиски детей.

Вскоре благодаря её самоотверженным усилиям дети были «спасены» и благополучно доставлены домой.

А через несколько дней Дружинины узнали потрясающую новость.

Её принёс Паша. Он вбежал на кухню, размахивая газетой с огромным заголовком:

– Мама! Папа! Глядите! «Сенсация! Лох-несское чудовище переезжает из Шотландии в Россию!»

– Ну-ка, дай сюда. – Папа взял газету. – «Вчера на берегу Плевакинского озера были обнаружены следы, подтверждающие подлинность рассказа очевидцев. Учёные пока не могут объяснить, каким путём лох-несское чудовище могло попасть в наш отечественный водоём...»

– А это чудовище страшное? – спросил Дракоша.

– Ужасно!.. – страшным голосом произнёс Паша.

– Ужасней не бывает! – поддакнула Маша.

– Не слушай их! – улыбнулась мама. – Наоборот, оно очень доброе и симпатичное.

– Да? – удивился Дракоша. – А можно на него посмотреть?

– Конечно можно. Пойдём, я тебе его покажу. – Мама взяла Дракошу за лапу и подвела к зеркалу. – Вот оно. Познакомься.

– Гы!..

Так закончилась эта история. Разумеется, далеко не последняя. А о том, что было дальше, вы узнаете из следующей книги.

Дракоша выходит в люди

Глава первая
ОЗИМЫЙ КУКУБУЗ

«У человека есть важное преимущество перед животными – у него не болит хвост. Зато у червяка существенное преимущество перед человеком – у него не болит голова» – так рассуждал папа Сергей Викторович, когда кто-нибудь в семье заболевал.

Дракоша сидел на пеньке, обхватив голову лапами.

– Дракоша, что случилось? – испугалась Маша.

– Гы-гы, бо-бо!.. – простонал тот.

– У тебя болит голова?

– У Дракоши не болит голова. У Дракоши в голове кипит чайник, – чуть слышно ответил дракончик.

Маша приложила руку и тут же отдёрнула её: голова Дракоши действительно была горячей, как чайник.

– У тебя, наверное, солнечный удар! Подожди, я сейчас принесу тебе какую-нибудь шляпу.

Девочка убежала. Дракоша встал и нетвёрдой походкой направился к дому. Он вспомнил про замечательную вещь, которая называется холодильник.

«Если в холодильнике охлаждают продукты, – подумал он, – почему бы в нём не охладить голову...»

Через пять минут холодильник был полностью разморожен, а щи, стоявшие на нижней полке, почти закипели.

– Дракоша, что ты делаешь?! – удивился заглянувший на кухню Сергей Викторович.

– Остужаю чайник. Меня солнце по голове ударило! – донеслось из облака пара.

Когда папа чего-то не понимал или не знал, что делать, он всегда звал маму.

– Наташа! Дракошу ударили чайником по голове!

– Кто ударил?! Каким чайником?!

– Никто Дракошу чайником не бил! Папа всё перепутал! – закричали Паша и Маша, вбегая на кухню с ворохом шляп.

– А это что ещё за шляпный салон?

– У Дракоши солнечный удар!

Мама потрогала голову Дракоши:

– У него настоящий жар. Боюсь, головные уборы уже не помогут.

– А что же делать? – испугались дети.

– Намочите все полотенца. Серёжа, принеси из спальни аптечку.

Мама вывела Дракошу во двор, уложила в тени и повязала ему голову мокрым полотенцем. От полотенца моментально повалил густой пар.

Наталья Юрьевна задумалась. С одной стороны, Дракоша маленький, и таблетку ему надо дать маленькую. А с другой стороны, он большой, значит, и таблетка нужна соответствующая.

Мнения разделились. Маша была за маленькую таблетку, Паша – за большую. А папа предложил дать обе: какая-нибудь да подействует.

– Это не годится, – сказала мама. – И потом, мы точно не знаем, солнечный удар у него или ещё что-нибудь.

– Папа, а я знаю, – заявил Паша. – Есть такая драконья болезнь – ящер!

– Не ящер, а ящур, грамотей!

Дракоша тем временем задремал и тихонько постанывал во сне.

– Ничего не поделаешь. Нужно вызывать доктора.

– А может быть, как-нибудь сами обойдёмся?! Представь, Наташа, что тут начнётся, если про него узнают? Понаедут всякие умные учёные, любопытные журналисты, дотошные археологи...

– А кто такие тошные архиолухи? – заинтересовалась Маша.

– «Архи» – значит «древний», – объяснил Паша. – А олухи...

– А олухи они и есть олухи, – добавил папа.

Все задумались.

Наконец мама вспомнила:

– Тут недалеко живёт народный целитель Коновалов. Он лечит животных нетрадиционными методами. И всегда хранит врачебную тайну.

– Ты уверена? – спросил папа.

Мама кивнула:

– У коровы Клавдии Ивановны недавно аппетит пропал. Коновалов взялся её лечить. Через час у коровы зверский аппетит появился. А как он это сделал, никому не рассказывает.

– Конечно не рассказывает! – шепнул Паша сестре. – Мы с Максом видели, как эта корова целый час Коновалова по полю гоняла. Вот и нагуляла аппетит.

– Я пойду за доктором, а вы меняйте Дракоше компрессы. Да смотрите, сами не перегрейтесь!

Мама вернулась быстро. А с ней человек довольно странного вида: волосы и борода всклокочены, на глазу – повязка. Руками он всё время делал какие-то круговые движения.

– Лев Павлинович Коновалов, – представила его мама.

– Лев Павлинович, а что у вас с глазом? – поинтересовался Паша.

– Это врачебная тайна.

– А мы никому не скажем! Честное-пречестное! – пообещала Маша.

– Ну, если никому... На соседней пасеке недавно заболели пчёлы. Я решил испробовать метод иглоукалывания – и вот – результат налицо. И на лице. – Коновалов поправил повязку на глазу. – Не будем о грустном. Где больной?

Целителя подвели к Дракоше.

– А-а... Драконов разводите. Понятно, – кивнул Коновалов.

– Даже не удивился!... – шепнула Маша брату.

– А чего тут удивляться? – сказал доктор. – Сейчас кого только не разводят! И страусов, и крокодилов, и даже пингвинов в холодильнике. Ну, ладно, давайте осмотрим вашего больного... Лекарства давали?

– Нет, мы же не знали какие.

– А никаких и не надо. Все болезни от лекарств! – Коновалов засучил рукава и начал плавно водить руками над Дракошей, бормоча себе под нос: – Так-так... Тут биополе слабовато, а вот здесь энергетики многовато. А это что такое? Хвост? Понятно...

– Лев Павлинович, – напомнил Паша. – У него голова болит.

– Голова тут ни при чём! Все болезни от позвоночника. Надо вправить несколько позвонков, и всё пройдёт.

Поплевав на руки, Коновалов взялся за хвост и изо всей силы потянул на себя.

– Гы?! – Дракоша спросонья дёрнул хвостом.

И целитель, описав большую дугу, приземлился посередине цветочной клумбы.

– Извините, – бросилась мама к Коновалову. – Он не нарочно.

– Ничего, ничего. Значит, дело не в позвоночнике! А в чём? В дыхании! Все болезни от неправильного дыхания. Дышать надо не лёгкими, а животом. Больной, вдохните поглубже. Ещё глубже. А теперь резко выдохните!

– Лев Павлиныч!!!

Мама хотела предупредить, но не успела. Дракоша послушно выдохнул. Совершив второй полёт, Коновалов снова оказался на клумбе.

– Простите, мы вас не предупредили, – сказала мама.

– Ничего, мы привычные... – Коновалов задумался. – Все болезни от неправильного питания! Скажите, что он у вас любит?

– Зубную пасту! – сообщила Маша.

– Хм! Это хорошо, это нетрадиционно, – одобрительно кивнул Коновалов. – Попробуйте кормить его ещё и гуталином.

– Гы?.. – удивлённо приподнялся Дракоша.

– Да не гы, а гу... – Коновалов задумчиво посмотрел на Дракошу, потом на клумбу и потёр голову. – Что-то у меня у самого голова разболелась. Пойду на всякий случай приму анальгин.

– А что же нам делать? – растерялась мама.

– А ничего не делайте. Время лучший доктор. Само пройдёт. А не пройдёт – вызывайте меня ещё раз. Чем смогу – помогу! Ведь это мой долг.

Пошатываясь и держась за голову, целитель удалился.

– Ну что, Дракоша, тебе получше? – спросила мама.

Дракоша слабо помотал головой.

– Думаю, ему надо немного полежать.

Мама послала Пашу за льдом, а сама повела дракончика в сарай.

Стукнула калитка, и во двор вошёл человек в соломенной шляпе, светлом костюме и с огромной корзиной в руках. Увидев Пашу, он приподнял шляпу:

– Здравствуй, мальчик. Я – Чимурин Афанасий Никитич, ваш сосед. Занимаюсь селекцией плодов овощей и фруктов. Твой папа дома?

Паша побежал за папой, а Чимурин внимательно осматривал участок и укоризненно качал головой:

– М-да, посадок маловато. Сколько полезной площади зря пропадает!

При этом он напоминал врача, осматривающего больного. И Сергей Викторович принял его за народного целителя Коновалова.

– Здравствуйте, доктор, – торопливо поздоровался папа. – Вы его уже осмотрели?

– Да, осмотрел, – ещё раз оглядел участок Чимурин. – Зелени маловато...

– Как маловато? – не понял папа. – Он же весь зелёный!

– Мог бы быть и позеленее, – не согласился с ним Чимурин. – Кстати, поливать его надо чаще.

– А поливать-то зачем?

– Как зачем? Он ведь засохнуть может. И вообще какой-то он у вас неухоженный...

– А вот это вы зря! – обиделся Сергей Викторович. – Мы его очень любим.

– А если любите, то не мешало бы подкормить навозом, – посоветовал селекционер.

– Навозом?.. Думаете, ему понравится?

Неизвестно, куда бы их завёл разговор, если бы не появился Паша:

– Папа, доктор Коновалов уже ушёл, а это наш сосед – селекционер Чимурин. Он, наверное, об огороде говорит.

– Ах, об огороде! Я слышал, вы какие-то необыкновенные гибриды выращиваете.

– Да. Не желаете ли ознакомиться? – Чимурин открыл корзину. – Вот это крыжолук – гибрид крыжовника и лука. Обладает достоинствами того и другого. Попробуйте!

Достоинствами лука крыжолук обладал, видимо, больше: у всех тут же защипало в глазах.

– Спасибо, я уже обедал, – вежливо сказал Сергей Викторович, отодвигаясь от гибрида подальше.

– Тогда попробуйте вот это.

– Что это? Вишни? – заинтересовался папа. – А почему они так похожи на помидоры?

– Потому что это вишнедоры, – гордо произнёс Чимурин. – Гибрид вишни и помидора. Очень повышают жизненную активность.

– Очень интересно. – Папа положил вишнедор в рот.

– Осторожнее, он с косточками!

Но папа уже прыгал на месте, держась за щёку.

– Действительно, активность у папы повысилась, – сказал Паша.

– А это то, над чем я сейчас работаю. – Чимурин достал из корзины что-то похожее на большую зелёную шишку. – Озимый кукубуз! Гибрид кукурузы и арбуза.

– А он не взорвётся? – Папа с опаской посмотрел на плод. – Очень уж этот аркебуз на гранату похож.

– Кукубуз, – обиженно поправил Чимурин. – Вообще-то в результате скрещивания должен был получиться арбуз с кукурузными хлопьями вместо косточек. Но видимо, я где-то допустил ошибку, и на початке кукурузы образовались маленькие арбузики.

– А можно их попробовать? – спросил Паша.

– К сожалению, пока они несъедобны. Но я продолжаю работу. А этот кукубуз я вам оставлю на память. Как символ величия человеческого разума!

– Спасибо!

– Вообще-то я к вам по делу, – вспомнил Чимурин. – Я сейчас занимаюсь одной проблемой и подумал: а нельзя ли просчитать результат скрещивания на компьютере? Я слышал, что вы компьютерщик.

– Может быть, как-нибудь в другой раз? – попытался увильнуть папа. – А то у меня сейчас дела...

– Хорошо. У меня сейчас тоже одно важное дело! Хочу попросить доктора Коновалова, чтобы он внушил колорадским жукам, что картофель им вреден. До свиданья!

Дракоша с повязкой на голове бродил по участку. Увидев на столе кукубуз, он взял его в лапы и начал обнюхивать.

– Папа, что это за штука? – спросила Маша.

– Это кукубуз нашего соседа Чимурина. Неудачный экземпляр. Убери его от греха подальше.

Последние слова были заглушены хрустом и почавкиванием.

– Дракоша! – закричал Паша. – Он же несъедобный!

– Едобный! Вкусно!

Доев кукубуз, Дракоша похлопал себя по животу и улыбнулся:

– Гы!.. Гылова прошла!

– Надо же, – задумался папа. – По всей видимости, кукубуз действует на драконов так же, как на нас анальгин.

– Мама, Дракоша выздоровел!

– У тебя действительно голова больше не болит? – спросила мама.

– Болова не голит! – кивнул Дракоша.

– Только говорит он как-то странно...

– Дракоша страннит не говорянно!

– Всё понятно! – догадался папа. – Наверняка это побочное действие кукубуза.

– Какого ещё кукубуза? – удивилась мама.

– Нам его сосед Чимурин принёс. Только он его неправильно скрестил, – объяснил Паша. – А Дракоша этот неправильный кукубуз съел. Вот он и начал неправильно говорить.

– По-моему, не только говорить, – покачала головой мама, глядя, как Дракоша пытается натянуть себе на хвост поливочный шланг. – Дракоша, ты что делаешь?

– Гы! Дракоша почет хить!

– М-да... – задумался папа. – Может, ему ещё какую-нибудь таблетку дать? Или снова вызвать доктора Коновалова?

– Ну уж нет! – решительно заявила мама. – На сегодня хватит. Лучший доктор – это здоровый сон!

Дракоша долго сопротивлялся, но наконец улёгся, положив ноги на подушку.

– Ничего, пусть спит так, – сказала мама. – Это ещё кукубуз действует. Спокойной ночи, Дракоша!

– Ночойной споки! – послышалось из-под одеяла.

– Странные у нас соседи, – сказала за ужином мама. – И Коновалов, и этот... Чимурин.

– А мы, думаешь, не странные? – усмехнулся папа. – Дракона в сарае держим...

– Ну, уж по крайней мере не пингвинов в холодильнике разводим! Давайте лучше вить чай с пареньем...

Все испуганно посмотрели на маму.

– Да ну вас! – засмеялась она. – С вами и без всякого кукубуза заговариваться начнёшь!..

Глава вторая
Летающие арбузы

В это утро Наталья Юрьевна настроилась порисовать. И даже успела разложить мольберт… Но попробуйте сами что-нибудь сделать, когда вас отвлекают каждую минуту:

– Наташа! Ты не помнишь, куда я положил свою записную книжку?

– Мам, а где мои кроссовки?

– Мамочка, дай мне, пожалуйста, иголку с ниткой. А то у Лизы платье порвалось!

– Наташа, там нет записной книжки. Там только Пашины кроссовки!

– Мам, там нет моих кроссовок. Там только папина записная книжка!

– Мамочка, я укололась!

– Наташа!..

– Всё! – сказала мама и решительно встала. – Уйду я от вас!

– Куда?! – испугались все.

– В сарай к Дракоше. Может, там мне удастся спокойно поработать. Дракоша, ты не будешь возражать?

– Гы!

– Хоть один человек в этом доме меня понимает… Учитесь!

– Мам, а можно, я помогу тебе мольберт донести? – робко спросил Паша.

– Можно!.. – великодушно разрешила мама.

– А я тогда понесу кисточки! – закричала Маша.

– А я… а я… – огляделся папа и, ничего не найдя, подхватил маму на руки. – А я понесу маму!

– Пусти! Уронишь!

– Не уроню! Это будет слишком большим уроном для нашей семьи!

Папа нёс маму вдоль забора и вдруг увидел торчащую из земли голову в соломенной шляпе.

– Так, значит, это к вам? – задумчиво сказала голова, протирая очки.

– Кто это? – тихо спросила мама, спрыгивая на землю.

– Это наш сосед Афанасий Никитич Чимурин, селекционер, – представил папа наполовину вылезшего из земли соседа. – Рад, что вы решили заглянуть к нам в гости. Хотя, мне кажется, было бы удобнее сделать это через калитку.

– Вы меня неправильно поняли, – пробормотал селекционер. – У себя на участке я обнаружил этот ход и решил посмотреть, куда он ведёт.

– Странно, – сказала мама, разглядывая отверстие, из которого вылез Афанасий Никитич. – Вчера этой дыры здесь не было.

– Да, дыры не было. Зато были арбузы. А теперь пропали.

– Какие арбузы? Те, которые озимые кукубузы?

– Нет, слава богу, обычные. И свеклопуста простая. И хрен с ними... – махнул рукой Чимурин,– тоже пропал. Сладкий. Но особенно мне огурцов жалко.

– Наверное, они тоже были какие-нибудь необычные? – участливо спросила мама.

– Ещё бы. – Чимурин достал из кармана квадратный огурец.

– А для чего, извините, они такой нестандартной формы?

– Для удобства транспортировки и экономии тары, – объяснил Чимурин. – Представляете, какая выгода народному хозяйству?

Пытаясь представить себе эту выгоду, папа задумался. А мама позвала Пашу и Машу:

– Скажите, пожалуйста, что это такое?

– По-моему, это яма, – пожала плечами Маша.

– Не яма, а самый настоящий подземный ход! – Паша заглянул внутрь. – А куда он ведёт?

– Он ведёт к пропаже фруктов и овощей у Афанасия Никитича, – объяснил папа.

– Это не мы! – в один голос заявили дети.

– Да нет, я ничего такого и не думал! – стал извиняться Чимурин. – Просто, если вы вдруг кого-нибудь заметите, сообщите мне, пожалуйста.

Повертев в руках квадратный огурец, он достал из кармана ещё два:

– А огурчики себе оставьте... Очень вкусные уродились.

Папа покосился на огурцы.

– Нет, вкус у них обыкновенный! Ещё раз извините за беспокойство. – И селекционер полез обратно в дыру.

– Вы меня тоже извините, – сказала мама. – Но может, вам будет удобнее через калитку?

– Да-да, конечно!.. – спохватился Чимурин. – Это я по рассеянности.

– Почти все великие люди были рассеянными... – глядя ему вслед, заметил папа и рассеянно откусил огурец. – Надо же, действительно вкусные!

– Очень вкусные! – подтвердил подошедший Дракоша.

– А ты откуда знаешь? – удивилась Маша. – Ты же не пробовал.

– Пробовал, – сказал Дракоша.

– Да? – заинтересовался папа. – А вот с этого места, пожалуйста, поподробнее!

Никаких особо интересных подробностей Дракоша не сообщил. Просто ночью ему очень захотелось есть, гы... И он съел несколько огурцов, гы... А что нельзя, гы?..

Папе пришлось объяснять, что брать чужое нехорошо. И даже прочесть небольшую лекцию о частной собственности.

– Скажи, Дракоша, а арбузы у Чимурина вкусные? – поинтересовалась Маша.

– А что такое арбузы?

– Ну, снаружи они такие зелёные и полосатые, а внутри – красные и сладкие, – объяснил Паша.

– Дракоша не ел арбузы, – покачал головой Дракоша. – Огурцы ел. Арбузы нет.

– Понятно. Значит, чимуринский огород приглянулся не только нашему Дракоше. Воруют, – сказал папа.

– А давайте устроим этим ворам ловушку! – предложил Паша. – Пап, у тебя есть деньги?

– А зачем?

– У меня есть хорошая идея!

– На хорошую идею никаких денег не жалко!

Говорят, что идеи витают в воздухе. Говорят так в переносном смысле. Но через час Пашина идея витала в воздухе в самом прямом смысле слова.

– Папа, что это такое? – Дракоша с восхищением глядел на огромную связку воздушных шаров.

– Это воздушные шарики.

– А для чего они нужны?

– Для красоты, – объяснила Маша. – Видишь, какие они красивые?

– Но сейчас они нам нужны для одного очень важного дела! – поправил её брат.

В окошко сарая осторожно просунулась голова Маши:

– Мамочка, извини, пожалуйста, но ты нам очень нужна!

Узнав, зачем именно она нужна, Наталья Юрьевна отложила бумагу и принялась раскрашивать воздушные шарики.

Воздушные арбузы получились как настоящие.

– Неплохо. Даже хочется их попробовать, – оценил работу папа.

Рано утром, когда все ещё спали, в саду Чимурина послышались голоса. Голоса эти принадлежали уже знакомым нам местным жуликам Посиделову и Побежалову.

Неудачная попытка ограбить дом Дружининых и встреча с Дракошей в сарае произвела на них сильное впечатление, и напарники решили бросить воровство... Но не затем, чтобы жить честно, а для того, чтобы заняться браконьерством. Встреча с Дракошей на озере произвела на них ещё более сильное впечатление, и они сразу же бросили браконьерство. Но перевоспитываться снова не захотели, а, наоборот, вернулись к старой профессии. Правда, теперь они решили грабить не дома, а огороды.

– Грабить огороды гораздо лучше, чем дома, – объяснял Посиделов напарнику. – Во-первых, работа на свежем воздухе.

Во-вторых, грабёж на огороде успокаивает нервную систему, а главное, на огороде нет таких опасных животных, как в некоторых озёрах и сараях.

– Да? – с сомнением спросил Побежалов.

– Караганда! Книжки читать надо! Самое опасное животное на огороде – колорадский жук.

– А он не ядовитый?

– С кем приходится работать!.. – вздохнул Посиделов. – Ну, ты сам подумай, дурья твоя башка. Мы вчера этот огород обчистили?

– Обчистили, – подтвердил Побежалов.

– И никто ядовитый тебя не укусил?

– Не укусил. Наоборот.

– Как это? – удивился Посиделов.

– Я вчера помидор с дерева укусил, до сих пор зуб болит, – сморщился Побежалов.

– А ты думай, что кусать и где! Помидоры разве на деревьях растут?

– Нет.

– Вот ты их и не кусай! А то всю жизнь на зубных врачей воровать будешь!

Проходя мимо дома Дружининых, Побежалов заметил оставленную на заборе бейсболку.

– Козырная шапочка!

Шапочка тут же перекочевала на голову Посиделова.

– Я – мозг нашей организации, – объяснил он. – А мозгу перегреваться нельзя.

Раздвинув доски чимуринского забора, жулики бесшумно проникли в огород. Побежалов нервничал и всё время оглядывался.

– Перестань вертеть головой, режь арбузы. – Посиделов указал на грядку. – А я пойду гляну, чем тут ещё можно поживиться.

– Арбузы так арбузы... – пробормотал Побежалов и пополз вдоль грядки, срезая арбузы.

Если бы он оглянулся, то увидел, как стая только что срезанных арбузов, плавно покачиваясь, поднимается в небо.

Но Побежалов продолжал ползти вперёд, что-то бормоча себе под нос. Добравшись до последнего арбуза, он обернулся и...

– Куда?! Стой!..

Однако сколько он ни прыгал, ни одного летающего «арбуза» не достал.

Тогда он вернулся к грядке, где на ветру покачивался последний несрезанный «арбуз». Отчаянным вратарским броском Побежалов накрыл его. На футбольном матче болельщики наградили бы его бурными и продолжительными аплодисментами...

– Ты чего это разлёгся? – хмуро сказал Посиделов. – Арбузы срезал?

– Срезал.

– А где они? – огляделся Посиделов.

– Улетели.

– Кто улетел?

– Арбузы, – плачущим голосом произнёс Побежалов. – Честное слово, улетели! Вот, последний остался! Еле поймал...

– Что ты мне мозги крутишь?! Арбуз как арбуз, – оглядел его Посиделов и достал нож. – Дай сюда!

– Летающий, говоришь?.. – усмехнулся он и со всего размаха воткнул нож в «арбуз»...

Эффект был ошеломительный. Посиделов решил, что взорвалась граната, а Побежалов – что по ним стреляют из противотанкового ружья. В одно мгновение жулики перемахнули через забор и скрылись в неизвестном даже им самим направлении.

Наутро баба Клава рассказывала маме:

– Представляете, выхожу я утром корову доить и вижу: летят...

– Кто?

– Арбузы, – прошептала соседка. – Целая стая.

– Не может быть! – улыбнулась мама.

– Почему не может? – подошёл к ним папа. – Наверное, на юг полетели... Осень скоро.

– А мне кажется, – сказала баба Клава, – что это ваш сосед Чимурин новый сорт арбузов вывел. Ведь есть же, говорят, воздушная кукуруза!

Глава третья
ОБМЕННЫЙ ЗАБОР

Днём на участок Дружининых зашёл Чимурин и, увидев папу, начал горячо благодарить его за спасение плодов научного труда от варварского расхищения.

– Ну что вы!.. – сказал Сергей Викторович. – Помогать ближнему – это наш долг.

– Кстати, – ухватился за его слова селекционер, – вы обещали мне помочь в расчёте одного моего проекта!

– Что за проект?

– Экологический проект века! Поглощение и перерабатывание сахарного песка тополем.

– Хотите сделать тополиное варенье?

– Вовсе нет. Хочу избавить родной край от тополиного пуха. Чтобы он не разлетался и не мешал дворникам отдыхать.

– А что же тогда будет разлетаться? – заинтересовался папа.

– Как – что? Сахарная вата! И вкусно, и полезно. И большой экономический эффект, между прочим!

– Так в чём проблема? – спросил папа.

– Тополь не хочет перерабатывать сахар. Вот я и подумал: а нельзя ли просчитать результат скрещивания на компьютере? Компьютер ведь быстро считает, а?

Поняв, что отвертеться не удастся, папа повёл Чимурина в свой кабинет.

Селекционер был на редкость настойчив в достижении своей цели. Папе пришлось в этом убедиться буквально через каких-нибудь пять часов.

– Ничего не получается, – в очередной раз объявил он. – Не хочет соединяться тополь с сахаром.

– Мало ли что не хочет! – горячился Чимурин. – Должен соединиться! Нет таких задач, с которыми бы не справился человеческий гений!

– Видите ли, – заметил папа, – мне кажется, что как раз с этой задачей человеческому гению лучше не справляться.

– Почему? – опешил Чимурин.

– Это приведёт к тому, что дети съедят весь тополиный запас страны!

– Вы думаете?..

– Не думаю, а уверен! – Не дав селекционеру опомниться, папа перешёл в атаку. – Тополиный пух разносит семена тополя, правильно? А если это будет сахарная вата, то представляете, что будет?!

– И дети будут сыты, и дворники целы!

Сергей Викторович сурово покачал головой:

– Дети начнут есть эту вату, а вместе с ней и семена тополя... Новые тополя никогда не вырастут! А ведь они вырабатывают кислород...

– Об этом я как-то не подумал, – растерялся Чимурин.

– А надо было подумать! – Папа заходил по комнате. – Без кислорода люди начнут задыхаться и убегут из города! Города опустеют!

– Неужели?

– И это только начало. Из городов все ринутся в леса, а там повсюду ваша сахарная вата! После дождя она превратится в сладкие лужи. Налетят пчёлы! Начнут кусать людей! Люди распухнут, позеленеют от злости и станут похожи на толстых зелёных драконов! Вы этого хотите?!

– Нет! Не хочу!..

– Впрочем, может быть, я не прав, – неожиданно улыбнулся папа. – Так что идите домой и подумайте сами. Стоит ли нам создавать такой гибрид века?

Ошарашенный Чимурин пошёл к выходу. И прямо в дверях нос к носу столкнулся с Дракошей...

Когда селекционер пришёл в себя, он уже лежал на диване, а папа заботливо обмахивал его газетой.

– Что это было? – слабым голосом спросил Чимурин.

– Где?

– Там... Зелёный... Гибрид века...

– Я думаю, это было видение. Точнее, предупреждение: до чего мы можем довести человечество. Не расстраивайтесь, Афанасий Никитич! Попробуйте скрестить что-нибудь другое с чем-нибудь другим.

– Спасибо! Вы мне открыли глаза!

– Жаль, что никто не видел, как я спас человечество, – вздохнул Сергей Викторович, глядя Чимурину вслед.

– Афанасий Никитич передал вам огромное спасибо, – сообщила за обедом мама. – У него сегодня ничего не пропало.

– Ура! – закричали Паша и Маша.

– Зато у нас пропало, – сказал папа. – Я свою бейсболку не могу найти.

– Ты же сам её вчера на заборе оставил, – напомнила мама.

Но на заборе бейсболки не оказалось. Не оказалось её и под забором, и рядом с забором.

– Наверное, кто-нибудь взял, – вздохнул папа.

– Вот и хорошо, – обрадовалась мама. – Я её давно хотела выкинуть. И вообще от старых вещей надо избавляться. А то их столько накапливается. Не знаешь, куда девать...

– Повесить на забор! – предложил Паша.

– Долго они там не провисят, – поддержал его папа.

Предложение всем понравилось. И работа закипела.

Папа нёс к забору свою старую куртку, когда его обогнал Паша с кроссовками.

– Паш, мы же тебе их совсем недавно купили, – удивился Сергей Викторович. – Этой весной!

– Они мне уже малы!

– Надо же, как у детей от свежего воздуха ноги растут! – покачал головой папа.

Один Дракоша не принимал в этом участия.

– Мама Наташа! – сказал он. – Никто эти вещи брать не будет.

– Почему?

– Папа Серёжа говорил, что чужое брать нехорошо...

– А ведь ты прав! – сказала мама. И вскоре на заборе появился небольшой плакат:

ЭТО НЕНУЖНЫЕ ВЕЩИ.
ЗАБИРАЙТЕ ИХ, ПОЖАЛУЙСТА!

На следующий день в незапертую калитку вошёл участковый Огурцов. Он сокрушённо покачал головой и повернулся к папе и маме:

– Что же это вы делаете, граждане?!

– А что мы делаем? – удивился папа.

– Преступность разводите, вот что! Разве можно оставлять вещи на заборе, особенно в наше время?

– Конечно можно. Даже нужно! – убеждённо ответила мама. – А может быть, они кому-нибудь пригодятся...

– Ну, не знаю, не знаю, – покачал головой участковый. – Всё-таки странные вы какие-то...

В этот момент мимо них на одной ноге проскакал Паша, пытаясь на ходу надеть кроссовку на другую ногу:

– Ма, гляди! Вместо моих кроссовок на заборе другие появились! Как раз мой размерчик!

– Вот видите! – обратилась мама к Огурцову.

– Ничего не понимаю! – развёл руками Огурцов.

– А чего тут понимать? Круговорот вещей на заборе. Между прочим, я подумал, что слово «забор» происходит от слова «забирать». А вы как думаете? – спросил папа Огурцова.

– Не знаю. «Забирать» в нашей профессии означает совсем другое. Ну, в общем, я вас предупредил, а вы смотрите!

Участковый вышел, аккуратно закрыв за собой калитку. Но буквально через секунду калитка приоткрылась.

– Вы знаете, я тут подумал, – смущённо произнёс Огурцов. – Мало ли... Всякое бывает... У меня тридцатый... Сами понимаете, маловат. Так что если на вашем заборе вдруг пистолет сорок пятого калибра появится, сообщите, пожалуйста!

Глава четвёртая
УДАР ХВОСТОМ

Приготовление обеда – занятие важное и ответственное. Чуть зазеваешься – и котлеты сгорели, одно неверное движение – и суп пересолен. Поэтому обычно мамы не любят присутствия посторонних на кухне.

Сергей Викторович, конечно, не был посторонним. К тому же из кухни так вкусно пахло, что папа не выдержал и пошёл на запах.

– Что у нас сегодня на обед? – попытался он заглянуть через мамино плечо.

– Серёжа! – укоризненно покачала головой мама. – Не подсматривай! Приготовлю – узнаешь.

– Ну, скажи! – не отставал папа. – Чего тебе, жалко, что ли?

– Ладно уж, так и быть. Это очень оригинальное блюдо. Смотри... – показала мама на сковородку.

На сковороде лежала еловая шишка.

– Действительно оригинально... – почесал в затылке папа.

– Попал! Мимо! Попал! Мимо! – донеслись с улицы голоса Паши и Дракоши.

Папа выглянул в окно:

– Похоже, боевые действия в самом разгаре.

– Серёжа, разберись, пожалуйста! – попросила мама, выуживая шишку из сковороды.

– Есть разобраться! – козырнул папа. Но при выходе из дома был остановлен прямым попаданием шишки в лоб.

– Убит! – сказал Сергей Викторович, поднимая шишку с земли.

– Извини, пап, мы не нарочно, – выглянул из-за дерева Паша. – Мы с Дракошей в дуэль играем.

– Достойное занятие для двух джентльменов, – кивнул папа. – Но я бы предложил поиграть во что-нибудь более мирное.

– А во что? – спросил Дракоша, высовываясь из-за другого дерева.

– Например, в бадминтон.

– Можно и в бадминтон, – сказал Паша и побежал в дом за ракетками.

– Главное – это правильная организация досуга! – гордо заявил папа, входя на кухню.

При этих словах в окно влетел воланчик и, описав над головой папы красивую дугу, опустился точно в центр сковородки.

Мама покачала головой:

– Если так пойдёт дальше, на обед у нас будут жареные воланчики!

– Ерунда! – махнул рукой папа. – Как говорят артиллеристы: «Снаряд дважды в одну и ту же воронку не попадает».

– По всей видимости, к сковородке это не относится. – Мама подцепила воланчик вилкой. – Отдай его ребятам и попроси, чтобы отошли подальше.

– Боюсь, на обед у нас будет отварной футбольный мяч, фаршированный шишками и воланчиками, – выглянул в окно папа. – Пришёл Макс, и они собираются играть в футбол...

И Сергей Викторович решительно направился к двери.

За то короткое время, пока он шёл, счёт на поле успел стать почти разгромным – 5:0. Объяснялось это очень просто: Паша и Макс играли против Маши и Дракоши.

Когда папа вышел, Паша как раз совершал стремительный проход по левому флангу.

– Пашка, пасуй! – закричал Макс.

Дракоша обернулся на его крик и хвостом «подсёк» Пашу.

– Подножка! – закричал Паша с земли.

– А хвостом не считается! – закричала в ответ Маша.

– Нет, считается! – поддержал своих Макс.

Дракоша недоумённо переводил взгляд с одного спорящего на другого. И тут в спор вмешался папа.

– Не стыдно? – укоризненно посмотрел он на Пашу и Макса. – Маленьких обыграли!

– А больше играть некому! – стали оправдываться мальчишки.

– Как это некому! – возмутился Сергей Викторович. – А я?.. Я знаете как в детстве на воротах стоял!

– Ура!.. – Маша обняла Дракошу. – Теперь мы у них точно выиграем!

Игра пошла совсем в другую сторону. Как ни старались Паша и Макс, забить им больше не удавалось. Папа стоял на воротах, как лев. Тем более что прямо за его воротами было окно на кухню, где мама готовила обед. Очень скоро счёт сравнялся.

Воодушевлённый успехом, Сергей Викторович решил забить гол прямо от ворот, но перестарался – мяч перелетел через забор.

Обе команды бросились за ним, но не успели они добежать до калитки, как она открылась и вошёл участковый Огурцов. В руках он держал мяч.

– Так-так, – обвёл он всех строгим взглядом. – Значит, в футбол играем?

– А что – нельзя? – спросил папа, пытаясь загородить собой Дракошу.

– Почему нельзя? Можно, – сказал милиционер и многозначительно добавил: – Кстати, на станции кто-то витрину мячом разбил...

– Это не мы! – крикнули дети.

– Точно, – кивнул папа. – У нас мастерства не хватит. До станции-то три километра!

– Два с половиной! – уточнил Огурцов.

– Всё равно не хватит! – не отступил Сергей Викторович.

– Гы! – поддакнул Дракоша, высовываясь из-за папиной спины.

– Не понял! – уставился на него участковый. – Это у вас кто?

– Это левый нападающий...

– Я не об этом! А-а... э-э... а-а... кто это?

– Дракон, – сознался папа.

– Это кличка такая? – с надеждой в голосе спросил Огурцов.

– Нет. Национальность, – мрачно пошутил папа.

– А-а... э-э... а-а... документы у него есть?

– Нету, – развёл руками папа. – Он же дракон.
– И он наш друг! – добавил Макс.
– А-а... э-э... а-а... тогда почему он без намордника? – брякнул Огурцов.
– Он не кусается... – Маша обняла Дракошу.
– Я не кусаюсь, – кивнул Дракоша.

– А-а... э-э... понятно... то есть ничего не понятно!.. – Окончательно растерявшийся Огурцов снял фуражку и приложил к разгорячённому лбу пистолет.

– А чего тут понимать?! – нашёлся папа. – Вы когда-нибудь драконов видели?

– Нет, – признался участковый.

– А говорящих драконов?

– Нет.

– А говорящих драконов, играющих в футбол?

– Никогда.

– Всё понятно! – сказал папа. – Значит, вы спите.

– Сплю? – Огурцов с подозрением посмотрел на Сергея Викторовича, а затем на остальных.

– Это правда? – осторожно спросил он.

– Правда! – подтвердили все.

– Уф!.. – облегчённо вздохнул участковый. – Я уж подумал, что с ума сошёл. А если я сплю... – задумчиво продолжил он, и глаза его загорелись детской радостью, – значит, я могу делать всё, что захочу?

– Конечно, – осторожно сказал папа, даже отдалённо не представляя, что может захотеть спящий милиционер.

– А можно, я с вами в футбольчик сгоняю? Сто лет не играл! – попросил участковый и смущённо добавил: – А с драконом вообще никогда...

Через полчаса мама, выглянув из кухни, с удивлением увидела, что во дворе куча-мала. Вокруг бегал Огурцов в засученных штанах, без фуражки и кителя, и упоённо свистел в свисток.

– Штрафной! – объявил Огурцов, насвистевшись вдоволь.

– Ни фига! – закричал папа, поднимаясь с земли.

– Не спорь с судьёй! А то посажу на пятнадцать суток! – пригрозил участковый, но тут же поправился: – То есть удалю с поля! Штрафной!

– Я пробью! Нет, я! Нет, я! – наперебой закричали Макс, Паша и Маша.

– Пробьёт дракон! – строго сказал Огурцов, устанавливая мяч.

– Гы! – радостно кивнул Дракоша и, разбежавшись, изо всей силы ударил по мячу хвостом.

Мяч свечой взмыл в небо. Все провожали его глазами до тех пор, пока он не скрылся из виду.

– Вот это удар! – присвистнул папа.

– Нечестно! – закричал Паша. – Хвостом нельзя!

– Почему нельзя? – удивился Дракоша.

– По правилам! – поддержал Пашу Макс.

– Минуточку! – вмешался в спор Огурцов. – В правилах про хвост ничего не говорится. А по закону – то, что не запрещено, разрешено. Значит, никакого нарушения не было. Ясно?

– Ну ты голова!.. – восхищённо хлопнул его по плечу папа.

– Ты тоже голова! – хлопнул в ответ папу по плечу Огурцов.

Так они стояли и хлопали друг друга, пока мяч, пробитый Дракошей, не упал обратно. Причём упал точно на голову участкового.

В школе милиции Огурцов не пропускал ни одного занятия по рукопашному бою. Поэтому его тренированная голова с честью выдержала этот удар.

– Всё нормально, – успокоил он обступивших его детей. – Только вот в голове что-то звенит...

– Наверное, будильник, – подсказал папа.

– Да, пора просыпаться, – вздохнул Огурцов. – А то на дежурство опоздаю.

Он собрал свои разбросанные по земле вещи и на прощание пожал всем руки:

– Спасибо за игру! Давно не получал такого удовольствия!..

Тут мама позвала всех обедать, и матч закончился сам собой.

– Очень вкусно, – сказал папа, уписывая обед за обе щеки. – Надеюсь, теперь ты откроешь секрет своего оригинального блюда. Это жареные шишки или тушёные воланчики?

– Лопух, – улыбнулась мама.

– Ну, спасибо! – обиделся Сергей Викторович.

– Да не ты, – обняла его мама. – А он. Лопух, обжаренный в сметане. Жанна Эдуардовна говорит, что в нём витаминов – вся таблица Менделеева. Хочешь добавки?

После обеда папа решил немного полежать в гамаке и почитать газету. Но только он устроился поудобнее, как во двор осторожно заглянул участковый Огурцов.

– Извините, – смущённо произнёс он. – Понимаете... мне сегодня сон приснился, будто... как бы это объяснить... Ну, в общем, я у вас тут во сне в футбол играл.

– И кто выиграл? – поинтересовался папа.

– Ничья, – сообщил Огурцов. – Но дело не в этом. У меня свисток куда-то делся. А я без свистка как без рук. Можно, я его у вас поищу?

– Пожалуйста, ищите.

Участковый принялся за поиски, но как-то очень неуверенно: искать вещь, потерянную во сне – занятие крайне странное. Однако он пришёл в ещё большее замешательство, когда нашёл свисток. Огурцов вертел его в руках и никак не мог сообразить, как свисток оказался на участке.

– Ну что, нашли? – спросил папа.

– Да-а... – несчастным голосом протянул Огурцов. – Но откуда он здесь взялся?

– А может быть, вы вещий сон видели?

– Какой?

– Вещий, – объяснил папа. – Вам снятся вещи, и вы их потом находите.

– Точно. Вещий! – обрадовался Огурцов такому простому объяснению и с чувством пожал папе руку. – Большое вам спасибо! Просто огромное! Ну, я пошёл...

И уже из-за калитки раздался его строгий голос:

– А калиточку вы всё-таки закрывайте!

Глава пятая

ВОЕННАЯ ТАЙНА

Магнит притягивает гвозди. Сахар притягивает мух. А детей... манит всё таинственное и опасное. Особенно когда это таинственное и опасное рядом, за соседним забором.

На следующий день после футбольного матча Паша и Макс решили потренироваться. Дракошу поставили на ворота.

Честно говоря, вратарь из него был никакой. И, забив пару десятков мячей, ребята заскучали.

– Слушай, а ты можешь повторить свой удар хвостом? – спросил Макс.

– Гы, – пожал плечами Дракоша.

– Только не сильно! – попросил Паша.

Дракоша кивнул, размахнулся хвостом и ударил...

Послышался свист летящего мяча и какой-то треск.

– Дракоша, я же просил не сильно! – укоризненно сказал Паша, глядя на аккуратную круглую дырку в заборе полковника.

– Да-а, хороший был мяч, – вздохнул Макс.

– Я его сейчас достану! – решительно направился к забору Дракоша.

– Дракоша, туда нельзя! – строго сказал Паша.

– Почему это нельзя?! – возразил Макс. – Давно уже пора посмотреть, что там у этого полковника...

– А как же сигнализация?

– При хорошей подготовке никакая сигнализация не страшна!

На подготовку ушло целых пятнадцать минут, и прошла она на высшем уровне.

– Маскировочные плащи взяли? – строгим командирским тоном спросил Макс.

– Взяли! – сказал Паша, разворачивая плащ.

– А я не взял... – развёл лапами Дракоша.

– А тебе и не надо! У тебя отличный маскировочный цвет! – успокоил его Макс и протянул Паше и Дракоше по большому пучку укропа. – Держите!

– Спасибо! – сказал Дракоша и начал его жевать.

– Ты что делаешь?! Это же для маскировки! – покачал головой Макс, прикрепляя свой пучок к волосам.

Дракоша посмотрел на оставшуюся одинокую укропину и попытался пристроить её у себя на голове. Но так как она всё время соскальзывала, в конце концов съел и её.

– Но самое главное – вот! – Макс достал из кармана пакет с сосисками.

– А сосиски тоже для маскировки? – облизнулся Дракоша.

– Это не сосиски!

– А что?

– Это отвлекающий момент. Для собаки.

Макс критически оглядел забор, поверху которого была густо намотана колючая проволока, и сделал вывод:

– Через верх не получится.

– Стрелять будут, – понимающе кивнул Паша.

– Хуже. Штаны порвём, – покачал головой Макс. – Придётся копать.

Дракоша вырыл подземный ход с рекордной скоростью. Через пять минут дети были с другой стороны забора и с интересом осматривались по сторонам.

– А где же пушки? – разочарованно спросил Паша.

– Я думаю, под землёй, – сказал Макс и указал на клумбу. – Вон под той клумбой!

– Почему?

– Видишь, рядом канистра с машинным маслом? Из неё полковник эту клумбу и поливает.

– Зачем? – удивился Дракоша. – Ведь цветочки завянут.

– Зато пушки не заржавеют!

– Ложись! – неожиданно зашипел Макс и распластался по земле.

Паша тоже рухнул как подкошенный. Один Дракоша остался стоять, с удивлением глядя на Пашу и Макса.

– А зачем ложиться?

– Видишь, там часовой. – Паша показал на стоящую в отдалении фигуру с ружьём.

– А что он делает?

– На часах стоит.

– Гы? – удивился Дракоша и вперевалочку пошёл к часовому.

– Стой, Дракоша! Стой! – шёпотом кричали ему вслед ребята.

Но Дракоша уже подходил к часовому:

– Извините, а зачем вы стоите на часах?

Часовой даже не повернул головы.

– А где часы, на которых вы стоите? – не отставал Дракоша.

Часовой не реагировал.

– Папа, а почему он не разговаривает?

– Потому что он – чучело!.. – сердито сказал Паша, поднимаясь с земли.

– Здорово сделано! – признал Макс, осматривая чучело. – Как настоящий!

– А это тоже чучело? – спросил Дракоша, указывая лапой за куст смородины.

– Это кто чучело?! – грозно сказал человек в кителе, поднимаясь во весь рост.

– Полковник... – тихо ахнул Макс и крикнул: – Бежим!..

Но грозный окрик «Стоять!» пригвоздил всех к земле.

– Вот так... – удовлетворённо улыбнулся полковник, поигрывая ружьём. – При попытке к бегству стреляю без предупреждения. Джульбарс, ко мне!

Из глубины участка донеслось грозное рычание.

– Влипли...

Полковник привёл их в помещение, заставленное аппаратурой с мигающими лампочками. Во все стороны тянулись разноцветные провода. Усадив ребят на скамейку, полковник сел за письменный стол под плакатом с надписью «Осторожно, враг подслушивает!».

– Имя? – строго спросил он Макса.

– Максим.

– Предположим. Фамилия?

– Тылкин.

– Допустим, – записал полковник. – С какой целью проникли на охраняемый объект?

– Мы за мячом пришли...

– Как говорил один известный полководец: «Кто к нам с мячом придёт, тот от мяча и погибнет!»

– Дяденька, мы больше не будем!

– Раньше надо было думать! – Полковник указал на пакет в руках Макса. – А это что такое?

– Сосиски... – сказал Дракоша.

– Вы мне голову не морочьте! Это отвлекающий момент для собаки. Верно, Джульбарс?

С улицы донеслось зловещее рычание.

– Вот видите, и Джульбарс так думает, – кивнул головой полковник и кинул сосиски за окно. – Хорошая собачка...

За окном раздалось чавканье и урчание. Дракоша завистливо вздохнул. Полковник подозрительно посмотрел на него и спросил:

– А тебя как зовут?

– Дракоша... – представился Дракоша.

– Предположим, – записал Полковник. – Фамилия?

– Гы... – развёл лапами Дракоша.

– Гы? – переспросил полковник. – Китаец, что ли?

– Да никакой он не китаец! – хмуро сказал Макс. – Это дракон.
– Кто-кто?
– Динозавр, – пояснил Паша.
– Что-то у вас показания не сходятся, – нахмурился полковник. – У одного – динозавр. У другого – дракон. Вы мне голову не морочьте. Я и не такой камуфляж видел!..
Он поднялся из-за стола и обошёл Дракошу. Увидев хвост, полковник задумчиво почесал в затылке:
– Хм... А такой не видел... Интересный ранец. Или это парашют?.. Ну ничего, где надо, разберутся.

– А может, не надо? – жалобно произнёс Паша.

– Надо! Кру-гом! – скомандовал полковник.

И сделал серьёзную тактическую ошибку.

Повернувшись кругом, Дракоша хвостом сшиб полковника с ног, а заодно свалил на пол всю аппаратуру.

Тут же бабахнула пушка, завыла сирена, и раздались беспорядочные выстрелы.

– Ложись! – закричали Паша и Макс, бросаясь на пол.

– Никак не могу привыкнуть! – Папа разглядывал свежее чайное пятно на своей рубашке.

– Странно, – взглянула на часы мама. – Что-то сегодня стрельба не вовремя.

– А может, к нашему полковнику братья по оружию в гости приехали? Вот и решили пострелять, так сказать, по-семейному...

Во дворе появилась Жанна Эдуардовна, взволнованная как никогда:

– Наташенька, вы моего Максима не видели?

– По-моему, они с Пашей где-то играют.

– Вы знаете, у меня нехорошее предчувствие... – трагическим голосом проговорила Жанна Эдуардовна.

– Не волнуйтесь! Что с ними может случиться? – успокоила её мама. – Сейчас они придут. Хотите чаю?

Тем временем полковник, кряхтя, дотянулся до какой-то кнопки и нажал её. Выстрелы смолкли. Ребята с недоумением посмотрели на него.

– Чего смотрите? – сердито произнёс он. – Помогли бы лучше подняться пожилому человеку...

Вскоре всё разъяснилось. На самом деле грозный полковник Пал Палыч был никаким не полковником и даже не подполковником, а самым обыкновенным пенсионером.

– А как же пушка? А выстрелы? А сирена? – не поверили дети.

– Пушка, говорите? Сирена? Сейчас увидите...

Пал Палыч повёл их по участку, время от времени раздвигая кусты и показывая замаскированные акустические колонки:

– Сирена у меня в этой колонке! А пушка – вон в той. Мощность – триста ватт. Так что стреляет как настоящая. Не отличишь.

– Здорово придумано! – восхищённо покачал головой Паша.

– Конечно! – не без гордости согласился Пал Палыч. – Всё-таки сорок лет изобретателем был. А вот – микрофон для Джульбарса. Джульбарс, покажись!

Из будки с микрофоном показался Джульбарс, маленький, симпатичный пёсик неопределённой породы.

– Маленький, а такой громкий! – с уважением посмотрел на него Дракоша.

– Пал Палыч, а зачем вам всё это? – спросил Макс.

– Человек я пожилой, одинокий, – объяснил Пал Палыч. – А народ сейчас бывает... Ну, скажем так, разный. В первый год у меня кирпичи украли. На второй – доски. А на третий... мне всё это надоело. Зато теперь живу спокойно. Никто даже носу не сунет.

– Значит, ружьё у вас тоже ненастоящее? – спросил Паша.

– Самое настоящее! – заверил его пенсионер, показывая ружьё. – Только оно у меня солью заряжено. Поваренной. Крупнокалиберной.

Дракоша подошёл поближе и осторожно потрогал ружьё.

Раздался выстрел.

Новичкам везёт. Даже чемпион мира по стрельбе вряд ли смог, не видя цели, попасть точно в чашку с чаем.

– Странный какой-то чай... Солёный, – поморщилась Жанна Эдуардовна и отставила чашку.

Мама, наливавшая себе из того же чайника, с удивлением посмотрела на соседку:

– Если хотите, я могу заварить вам новый...

– Нет, спасибо! Я не могу больше сидеть сложа руки! – Жанна Эдуардовна встала и решительно направилась к калитке. – Пойду спрошу у Клавдии Ивановны!

Клавдия Ивановна была не одна. Около капустных грядок народный целитель Коновалов проводил сеанс гипноза с соседским козлом.

– Спа-ать! Спа-ать!.. – проникновенным голосом уговаривал козла Коновалов, глядя ему прямо в глаза.

– Ме-е-е!.. – отвечал козёл, не отрываясь от капусты.

– И гипноз этого ирода не берёт! – вздохнула баба Клава.

– Простите, Клавдия Ивановна, вы моего Максима не видели? – спросила её Жанна Эдуардовна.

– Нет, не видела.

– А что это у вас происходит? – заинтересовалась Жанна Эдуардовна.

– Да вот, Лев Павлинович козла с огорода изгоняет. Гипнозом. Чтобы капусту не жрал.

– Попрошу не мешать процессу! – строгим голосом оборвал их Коновалов и продолжил внушение. – Спа-ать! Спа-ать! Спа-ать!..

Жанна Эдуардовна оказалась гораздо более подвержена гипнозу, чем козёл. Глаза её сами собой закрылись, и она начала даже тихонько похрапывать.

– Невозможно работать! – пробурчал Коновалов. – Ладно, попробуем крайнее средство. Если оно не поможет, то уже не поможет ничто... Изыди! Изыди из огорода! – начал завывать он, надвигаясь на козла.

Но козёл был либо совершенно невосприимчив к гипнозу, либо просто не понимал человеческого языка. В отличие от козла, Жанна Эдуардовна человеческий язык понимала. Она кивнула головой и, не открывая глаз, попятилась к калитке...

После того как в лапах у Дракоши бабахнуло ружьё, техника совершенно перестала его интересовать.

– Гы. А можно, я с Джульбарсом поиграю?

– Пожалуйста, – разрешил Пал Палыч. – И не бойся, он добрый.

– А я и не боюсь, – заявил Дракоша и направился к Джульбарсу, который, увидев его, радостно завилял хвостом.

– Хороший у вас дракон, – сказал Пал Палыч.

– А это что у вас такое? – Макс рассматривал какое-то странное устройство, отдалённо напоминавшее рогатку с оптическим прицелом.

– А-а... Это моё первое изобретение. Самонаводящаяся рогатка. Изобретена в третьем классе.

– Класс! – оценил изобретение Макс. – А можно стрельнуть?

– Можно. Только осторожно. И лучше холостыми. – Пал Палыч протянул ему шишку.

Макс заложил снаряд в рогатку, натянул резинку и выстрелил.

Рогатка действительно была самонаводящейся. Пущенная из неё шишка попала точно в лоб козлу на огороде бабы Клавы. И оказалась гораздо более действенным способом убеждения, чем гипноз Коновалова. Козёл обиженно мекнул и гордо удалился из огорода.

Коновалов был не меньше козла удивлён таким исходом дела:

– Видели?! Вот она – волшебная сила науки!

Жанна Эдуардовна вздрогнула и открыла глаза:

– Кажется, я немного задремала. Лев Павлинович, вы просто маг и волшебник!

– Точно, – поддакнула баба Клава. – Чуть ли не полпосёлка усыпили.

– Да? – удивился Коновалов.

Над посёлком плыл мощный храп.

– Пал Палыч, а это тоже ваше изобретение? – спросил Паша, прислушиваясь к странному шуму.

Шум этот напоминал звук пикирующего бомбардировщика, время от времени прерываемый свистом летящих бомб.

– Нет, – покачал головой Пал Палыч. – Но кажется, я догадываюсь, что это такое.

Из собачьей будки торчала голова спящего Дракоши. Он заливисто храпел прямо в микрофон. Рядом сидел Джульбарс, охраняя сон своего гостя.

– Хороший дракон, – вздохнул пенсионер. – Если бы у меня был такой, никакой военной сигнализации не потребовалось.

– В военно-охранных целях лучше корову завести, – сказал Макс.

– Почему? – удивился Пал Палыч.

– Она мины оставляет!

– Ладно, шутки шутками, а вам пора. А то родители, наверное, уже волнуются, – сказал Пал Палыч.

– Не то слово, – помрачнел Макс, вспомнив про бабушку. – Спасибо. Было очень интересно.

– Жаль только, что танка нет... – вздохнул Паша.

– Как это нет? – Пал Палыч поманил ребят и показал на стоящий за домом танк, накрытый маскировочной сеткой.

– Ух ты! Настоящий?!

– Сборная модель, – пояснил Пал Палыч, откидывая сетку. – Небольшая доработка – и горбатый «запорожец» превращается в почти настоящий танк.

Действительно, лишь подойдя вплотную, ребята поняли, что башня «танка» сделана из фанеры, а вместо пушки использовано обыкновенное бревно.

– Только про то, что видели, никому не рассказывайте, – попросил Пал Палыч.

– А вы про Дракошу! – сказал Паша.

– Военная тайна! – улыбнулся Пал Палыч и приложил палец к губам.

– Военная тайна! – приложили пальцы к губам Паша и Макс.

– Гы! А что такое военная тайна? – спросил Дракоша.

– Это тайна, которую нельзя рассказывать никому, – объяснил Паша.

– Даже маме?

– Даже маме! – подтвердил Пал Палыч и указал детям на крышу «танка». – Забирайтесь, я вас подвезу!

Смеркалось. Папа и мама начали волноваться. А Жанна Эдуардовна просто места себе не находила.

– Если они не появятся в течение десяти минут, я иду в милицию! – заявила она, нервно поглядывая на часы.

Из-за забора послышался шум мотора.

– А если они под машину попали? Я с ума сойду от волнения! – Жанна Эдуардовна поглядела в сторону, откуда доносился шум.

– Нет, не сойду... Уже сошла.

Над забором медленно, как в кино, проплыли Макс, Паша и ещё кто-то зелёный. Звук мотора смолк, и дети исчезли.

Встреча бабушки и внука была достаточно бурной, и Дракоша незаметно проскользнул в дом.

Сделав Паше выговор, папа засел за компьютер. Мама пошла разогревать ужин. Одна только Маша не могла успокоиться. Она ходила за братом и Дракошей по пятам и, не переставая, твердила:

– Где вы были?! Ну где вы были?!

– Военная тайна! – сказал Дракоша и приложил палец к губам.

Глава шестая
БОЛЬШАЯ СТИРКА

– Картина Репина «Приплыли», – сказал папа, выглянув в окно. Во дворе стояли Маша, Паша и Дракоша. Брат и сестра были так измазаны в глине, что скорее напоминали негритят. В отличие от детей, Дракоша не потерял свой природный цвет, но из-за разводов грязи приобрёл камуфляжную расцветку.

– Мамочка, мы не нарочно, – начала Маша.

– Он сам перевернулся, – добавил Паша, ковыряя носком землю.

– Кто?

– Кораблик, – объяснил Дракоша. – Мы играли.

– И во что же, интересно, вы играли?

– В «Титаник», – скромно сообщила Маша.

– И где же вы нашли такую лужу?

– Гы! Мы долго искали. Но нашли.

– Ладно, – сказала мама. – Идите мойтесь и переодевайтесь!

– Не расстраивайся! – ободрил её папа. – Больше грязи, чем на них сейчас, им уже собрать не удастся.

В этот момент прогремела пушка Пал Палыча. И папа от неожиданности опрокинул на себя чашку кофе.

– Единственный, кто в нашей семье не пачкает рубашек и штанов, это Дракоша, – вздохнула мама

– Это потому, что у него их нет, – обиженно заявил Сергей Викторович.

– Придётся устраивать большую стирку. У меня две корзины грязного белья накопилось. Так что поедем в город.

– А на кого мы детей оставим?

– Не надо нас ни на кого оставлять! – послышалось сверху. – Мы уже не маленькие!

– Вот это-то и прискорбно, – заметил папа. – А может, попросить Жанну Эдуардовну присмотреть за ними?

– Не-ет! – в один голос закричали дети.

– Знаешь, я тоже против, – поддержала их мама. – Конечно, Жанна Эдуардовна очень милая женщина. Но представь, что с ней будет, если она вдруг увидит Дракошу?!

– Картина Репина… – задумался папа и покачал головой. – Нет у Репина такой картины!

– Мы постараемся вернуться побыстрее! – сказала мама, когда бельё было уже погружено в машину.

– Да нет, мам, вы не торопитесь! – незаметно подмигнул сестре Паша.

– Да! – поддержала его Маша, подмигнув Дракоше.

– Гы!.. – поддержал их Дракоша и начал старательно подмигивать обоими глазами.

В этот момент скрипнула калитка и вошла Жанна Эдуардовна. Дракоша еле успел спрятаться за дождевую бочку.

– Картина Репина «Не ждали», – тихо сообщил папа, прикрывая собой торчащий Дракошин хвост.

– Здравствуйте! – поздоровалась соседка. – А вы, я вижу, в город собрались?

– Да, стирка накопилась, – кивнула мама.

– А с кем же дети остаются?

– Да ни с кем, они у нас самостоятельные.

– Ну что вы. Разве так можно? В наше время!.. – всплеснула руками Жанна Эдуардовна. – Хорошо, что я к вам зашла. Вы знаете, это поразительно! Я вдруг почувствовала острую необходимость вот так просто встать и пойти к вам! Вы не волнуйтесь, я с ними побуду!

Папа с сочувствием поглядел на детей. Радость на их лицах скисла, как скисает молоко в жаркий день.

Жанна Эдуардовна отправилась за Максом, а мама поцеловала детей и дала им последние указания:

– Жанна Эдуардовна человек пожилой. Раз уж так вышло, постарайтесь вести себя спокойно. И главное, проследите, чтобы Дракоша её не напугал.

– А кто будет вести себя лучше всех, получит приз, – добавил папа.

Дети отвели Дракошу на чердак и тоже провели с ним воспитательную беседу.

– Жанна Эдуардовна человек пожилой, – строго сказала Маша. – Ты её можешь напугать.

– Зачем? – удивился Дракоша.

– Ну, понимаешь, она может упасть в обморок... – попытался объяснить Паша.

– А где этот Об-мо-рок? – заинтересовался Дракоша.

– В общем, Дракоша, придётся тебе посидеть здесь. Понял?

– Гы! – вздохнул Дракоша.

Оставшись один, Дракоша стал рассуждать:

– С крыши я падал… В пруд падал… В лужу падал… В яму тоже падал… А вот в Обморок ещё не падал. Интересно, где этот Обморок?

Почесав в затылке, Дракоша решил понаблюдать за Жанной Эдуардовной, чтобы увидеть Обморок, в который она может упасть.

Но Жанна Эдуардовна ходила по двору и никуда не падала. Правда, через некоторое время она начала оглядываться по сторонам.

– Бабушка, ты что-то потеряла? – спросил Макс.

– Нет, – сказала Жанна Эдуардовна и снова оглянулась. – Просто у меня такое ощущение, что за мной всё время кто-то следит!

– Бабушка, надо меньше детективов на ночь читать, – посоветовал ей внук и незаметно показал Паше на чердачное окно, в котором маячил силуэт Дракоши.

– Бедненький! Представляю, как ему там одному скучно!.. – вздохнула Маша. – Может, сходим к нему, поиграем во что-нибудь...

– Во что? – задумался Паша.

– Есть идея! – Макс достал из кармана колоду карт. – Только тихо! А то бабка заметит.

– Будем играть в «дурака», – сказал Макс, раздавая карты.

– Дракоша – не дурак! – надулся дракончик.

– Конечно нет! – засмеялся Паша. – Мы будем играть в «подкидного дурака».

– А какого дурака мы будем подкидывать? – с интересом оглядел присутствующих Дракоша.

– Дракоша, – сказала Маша, – сейчас мы тебе всё объясним...

Дракоша внимательно слушал, время от времени кивая головой.

– Всё понял? – спросил Макс.

– Гы!

– Ну, тогда начали!.. Кто ходит?

Младший козырь оказался у Маши, и она положила карту перед Дракошей. Дракоша так долго разглядывал её, вздыхал и чесал в затылке, что Макс наконец не выдержал:

– Когда перед тобой кладут карту, ты должен её бить.

– Понял! Бью! – И Дракоша изо всей силы ударил по столу.

Стол с треском раскололся, а карты вылетели в окно...

– Что это?! Гроза?! – встрепенулась в гамаке Жанна Эдуардовна. – Дети, быстро в дом!..

– Мы уже здесь, бабушка! – высунулся из чердачного окошка Макс.

– Молодцы! – похвалила их Жанна Эдуардовна, и тут сверху прямо на неё посыпался карточный дождь.

– Максим! Дети!.. Вы играете в карты?! – в ужасе всплеснула она руками.

– Кажется, влипли... – прошептал Макс.

– Уходим, пока она сюда не поднялась!

– А мы ещё поиграем? – спросил Дракоша.

– Тебе ещё рано играть в карты! Тебе ещё учиться надо! – сурово произнёс Паша.

Внизу детей ждало нелёгкое объяснение с Жанной Эдуардовной. Но благодаря красноречию Макса, честным голубым глазам Маши и партизанскому молчанию Паши её всё-таки удалось убедить в том, что они вовсе не играли в карты, а делали на чердаке уборку.

– Вы, наверное, проголодались?! – сказала Жанна Эдуардовна. – Сейчас я приготовлю вам завтрак!

– Мы уже завтракали.

– Это был первый завтрак. А сейчас будет второй.

– А зачем нам второй завтрак? – удивилась Маша.

– Во всех цивилизованных странах, особенно в Англии, принято завтракать два раза. Это очень полезно для здоровья.

– А что будет на завтрак? – упавшим голосом спросил Макс.

– Нет ничего вкуснее овсяной каши! – провозгласила Жанна Эдуардовна. – Недаром её называют кашей английских королей.

Наверху заскрипел пол.

– Что это? – насторожилась соседка.

– Наверное, привидение, – сообщил внук. – Во всех цивилизованных странах, и не только в Англии, в домах водятся привидения...

– Да, очень страшное и зелёное, – подтвердил Паша.

– Не морочьте мне голову! – засмеялась Жанна Эдуардовна. – И через полчаса приходите завтракать.

Но завтрак не состоялся: дети удрали на улицу. Напрасно их звала Жанна Эдуардовна, напрасно обыскала весь участок.

– Где же они могут быть? – вернувшись в дом, она снова услышала шум наверху. – Ах, вот где!

Жанна Эдуардовна потихоньку поднялась на чердак и открыла дверь.

– Вот оно...

– Кто? – удивился Дракоша.

– При-ви-де-ни-е-е-е...

– Где при-ви-де-ни-е? – начал оглядываться Дракоша по сторонам.

– Ты – привидение! – указала на него Жанна Эдуардовна.

– Я не привидение! – обиделся Дракоша. – Я – Дракоша!

– А я – Жанна Эдуардовна, – машинально представилась соседка.

– Скажите, пожалуйста, а вы умеете играть в «дурака»? – спросил Дракоша.

– В ка… ка… какого дурака? – пролепетала соседка, прислонясь к стене.

– В подкидного, конечно!

– Так, всё понятно! Я сейчас упаду в обморок, – сказала Жанна Эдуардовна и стала сползать по стенке.

Но Дракоша успел её подхватить. Он поддерживал Жанну Эдуардовну, не давая ей упасть, и внимательно осматривал всё вокруг:

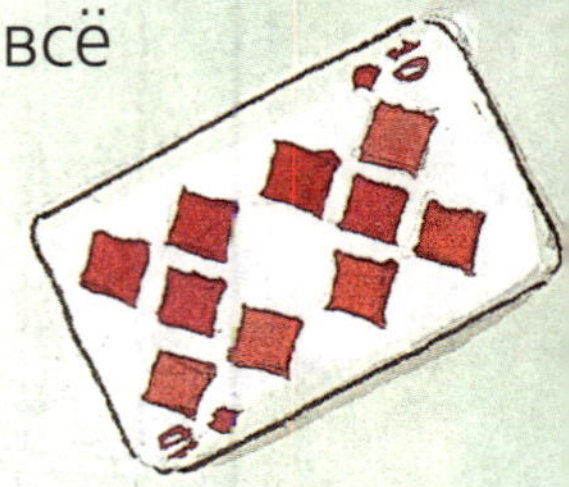

– Гы! Где же этот Обморок?

Когда приехали родители, дети играли во дворе.

– А где Жанна Эдуардовна? – спросила мама.

– Бабушка в доме, – ответил Макс.

– Она там уже третий час овсянку варит, – хихикнула Маша.

– А вот и не угадали! – в дверях появилась улыбающаяся Жанна Эдуардовна.

Мама и папа облегчённо вздохнули.

– А кто из детей лучше всех себя вёл? – спросил папа. – Мы обещали приз за лучшее поведение.

– Я думаю, что лучше всех себя вёл… – Жанна Эдуардовна сделала паузу. – Дракоша!

– А-а… э-э… у-у… – начал Сергей Викторович и замолчал. Молчали и остальные.

Довольная произведённым эффектом, соседка сообщила:

– Он очень воспитанный и вежливый! И один за всех съел кашу… Извините, мне нужно закончить одно важное дело!

И Жанна Эдуардовна ушла в дом.

– Хм. Интересно, что это за очень важное дело? – сказал папа и тоже направился к дому.

За ним последовали мама и дети.

На чердаке им открылась следующая картина: Дракоша и Жанна Эдуардовна азартно резались в карты.

– Стой, стой, стой! – закричала Жанна Эдуардовна. – Неправильно! Дама бьёт валета, а не наоборот! Скажите ему, Сергей Викторович!

– Гы!.. – сказал папа.

Глава седьмая
ЗА ГРИБАМИ!

– Баба Клава сказала, что грибы пошли! – закричал Паша, вбегая во двор.

– Куда они пошли? – спросил Дракоша.

– В лес пошли, – пошутил Паша. – И нам тоже надо идти в лес.

– За грибами? – уточнил Дракоша.

– Правильно! Будем их искать!

– А зачем их надо искать? Они что – потерялись?

– Дракоша, грибы не могут потеряться, – теряя терпение, объяснил Паша. – Просто их надо найти и собрать.

– Найти и собрать... – Дракоша задумался. – А кто такие, эти грибы?

– Уф!.. Придём в лес, покажу.

Через полчаса Паша, Маша и Дракоша с корзинками уже стояли у калитки, готовые для похода в лес. Мама внимательно оглядела их и вздохнула:

– Может, всё-таки не стоит ходить в лес одним?

– Да ладно тебе, мам! – сказал Паша. – Что мы, маленькие, что ли?

– Правильно! – поддержал его папа. – Волков бояться – в лес не ходить!

– А у нас в лесу есть волки? – вздрогнула Маша.

– Конечно нет, – успокоила её мама. – Это у папы шутки такие.

– А даже если бы и были, – небрежно бросил Паша, – Дракоша их быстро распугает.

– А кто такие волки? – поинтересовался Дракоша.

– Это такие... собаки.

– Как Джульбарс?

– Ну... почти, – замялся Паша и обратился к маме: – Мам, а у нас побольше корзины нет? А то эта совсем маленькая.

– А чего мелочиться? Берите бочку, – предложил папа. – В ней сразу и засолим!

– Серёжа! А вдруг они вправду много грибов наберут?!

– Мухоморов!

Лес начинался сразу за дачным участком. Паша достал из корзинки нож и сказал:

– Баба Клава говорила, что места здесь очень грибные.

– А где же грибы? – огляделся по сторонам Дракоша. – Уже ушли?

– Сейчас покажу. – Паша срезал в траве сыроежку и показал её Дракоше. – Вот, видишь? Это гриб. Называется «сыроежка».

– Понял, – кивнул Дракоша и положил сыроежку в рот.

– Ты что делаешь? Сырые грибы есть нельзя!

– Ты ж сам сказал: «сыроежка», – возразил Дракоша, дожёвывая гриб.

– Ничего! – махнул рукой Паша. – Я читал, что сыроежки можно есть и сырыми. Но другие грибы есть не вздумай! Особенно мухоморы и поганки. Это очень опасно!..

– Папа, а это гриб? – спросил Дракоша, срывая большой мухомор.

– Выброси сейчас же! – строго сказала Маша. – Это мухомор. Очень ядовитый гриб.

Дракоша аккуратно положил его на землю и вздохнул:

– Жалко. Такой красивый...

Место было и впрямь грибное. Паша нашёл три подберёзовика и целое семейство лисичек.

– Ну как, Дракоша, нашёл что-нибудь? – спросил он, поднимаясь с земли.

– Нашёл! – радостно сообщил Дракоша. – Большой! Красивый! Не мухомор!

– Покажи, пожалуйста, – попросила Маша.

– Не могу. Он убежал.

– Куда убежал? – засмеялась девочка. – Грибы не бегают.

– Нет, бегают! – возразил Дракоша. – Я сам видел!

Дети переглянулись. Паша нахмурился и наклонился к сестре:

– Боюсь, он всё-таки сожрал мухомор...

– Почему ты так думаешь?!

– Я читал, что, если съесть мухомор, могут видения разные начаться... Вот у него грибы и бегают.

Дети внимательно посмотрели на Дракошу.

– Вон он! Побежал! Смотрите! – неожиданно закричал тот, показывая лапой.

Мимо них, шурша травой, бежал ёжик с большом подосиновиком на спине.

– Это ёжик! – обрадовалась Маша.

– Это мой гриб! Сыроёжик, – сказал Дракоша и попытался преградить ежу дорогу.

Ёж, недовольно пыхтя, обогнул Дракошу и побежал дальше.

– Не трогай его. Пусть бежит, – сказала Маша.

– Гы? Почему? Он ядовитый?

– Нет, он колючий, – засмеялся Паша.

– Он бежит домой. Несёт гриб своим деткам. Они ещё не завтракали, – объяснила Маша.

– Не завтракали?

Дракоша взял у Маши из корзинки маслёнок, догнал ёжика и наколол гриб рядом с первым:

– До свидания, ёжик! Беги к своим сыроёжикам!

Дети и не подозревали, что прямо по направлению к ним двигались двое браконьеров – Посиделов и Побежалов.

Удача в этот день ни разу не улыбнулась им. И Посиделов срывал свою злость на напарнике:

– Тише ходи! Всю дичь распугаешь!

– Да тут везде эти сучки раскиданы! Попробуй не наступи, – оправдывался Побежалов. – И зачем мы только в этот лес попёрлись?

– А затем, что браконьерить в лесу гораздо лучше, чем грабить огороды! – оборвал его Посиделов. – Во-первых, в лесу меньше народу, а значит, больше кислороду. Во-вторых, браконьерство успокаивает нервную систему. А главное, здесь дичь не взрывается.

– Да? – с сомнением спросил Побежалов.

– Ну так! – уверенно ответил Посиделов. – Это же не арбузы.

– А я бы сейчас от арбуза не отказался... – мечтательно проговорил Побежалов. – Может, домой пойдём? А то уже третий час ходим – и никакой дичи... крупнее комара, – добавил он, прихлопнув на себе комара, и налетел на внезапно остановившегося Посиделова.

– Крупнее комара, говоришь?.. – зловеще спросил тот. – А это видел?

На земле, рядом с сорванным мухомором, чётко выделялся след когтистой лапы.

– Тигр, – дрожащим голосом сказал Побежалов.

– Какой ещё тигр?! – сплюнул Посиделов и выразительно поглядел на Побежалова. – Баран!

– Баран? – удивился тот. – Откуда в лесу бараны?

– Вот именно! Кроме тебя, ни одного! Хозяин это...

– Какой хозяин? Барана?

– Тьфу ты!.. Медведь это! Видишь, какая лапа! – ткнул в след Посиделов.

– Матёрый! – присвистнул Побежалов. – Размер сорок шестой, не меньше.

– Шестьдесят шестой! И след совсем свежий...

Не успел он договорить, как в кустах что-то зашевелилось. Побежалов вздрогнул и спрятался за спину Посиделова.

– Он там, в малиннике. – Посиделов снял с плеча ружьё. – Видишь, как кусты ходят. Здоровый зверюга! Но ничего, сейчас мы ему всю малину испортим!

Он взвёл курок и прицелился. Но в этот момент на поляне появились Паша и Маша с корзинками. И Посиделову пришлось опустить ружьё.

– А что это вы тут делаете, дяденьки? – подозрительно спросила их Маша.

– Уйдите, дети. Не мешайте.

– Мы охотники! – гордо заявил Побежалов. – На медведя охотимся! Вон он в кустах шуршит.

– Пашка, они Дракошу за медведя приняли! – прошептала Маша. – Надо что-то делать!

– А у вас разрешение есть? – спросил Паша.

– Вот наше разрешение! – ухмыльнулся Посиделов и помахал ружьём.

Он снова прицелился, но между ним и кустами встали Паша и Маша.

– Это не медведь! – сказал Паша.

– И в него стрелять нельзя! – добавила Маша.

– Дети, идите отсюда, пока я добрый, – нахмурился Посиделов.

– Да, дуйте отсюда! – поддакнул Побежалов.

Услышав это, из кустов позади Паши и Маши высунулся Дракоша:

– Папа, мама, дуть?..

– Дуй! – в один голос закричали дети и бросились на землю.

– Гы-ы!..

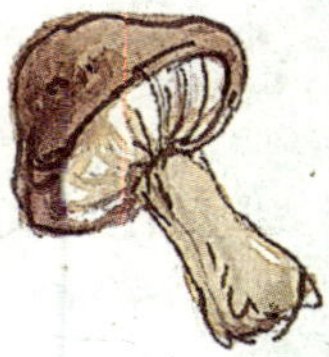

Раздался свист ветра и треск сучьев. Больше браконьеры ничего не помнили. Пришли в себя они в совершенно незнакомом месте.

– Что это было?.. – спросил Побежалов, тряся головой и оглядываясь.

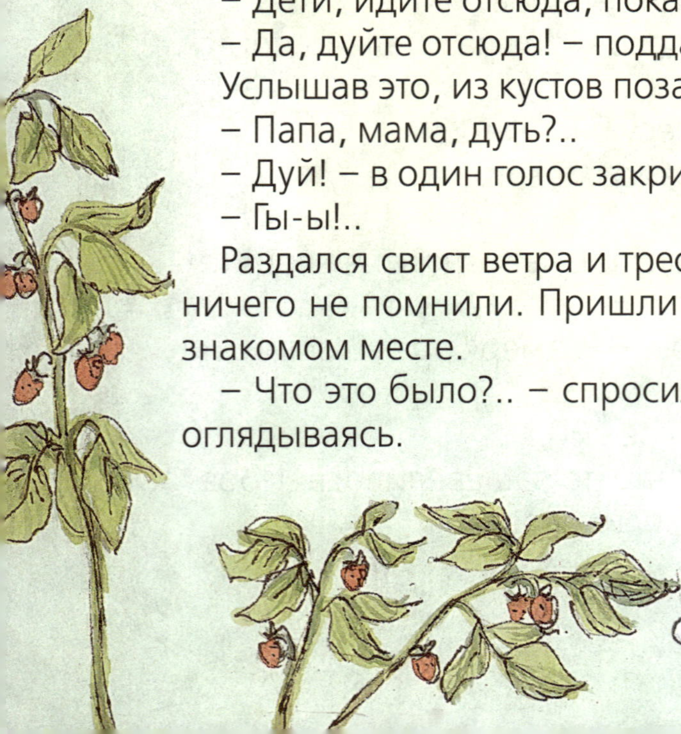

– Западня… – выдавил из себя Посиделов.
– Точно, – кивнул Побежалов. – Она самая.

Корзинки уже оттягивали руки.
– Ну всё! – сказал Паша. – Пора домой!
– А где дом? – спросила Маша.
– Кажется, там, – махнул рукой Паша.
– А мне кажется, что там. – Маша показала в другую сторону.
Паша задумался:
– А может, и там.

– Так где: там или там? – не отставала сестра.

– Вспомнил! Чтобы узнать, куда надо идти, надо сориентироваться на местности.

– Гы? Что значит – сориентироваться? – спросил Дракоша.

– Это значит, что нам надо найти, где север! А для этого нужна ель.

Ель нашли очень быстро. Наверное, потому, что под ней стояли.

– Запомните: мох всегда растёт с северной стороны. Значит, север там.

– А здесь тоже мох, – с другой стороны ели сообщила Маша. – Значит, север здесь.

– Гы! И здесь мох. И здесь тоже... – Дракоша обошёл вокруг ели.

– Да-а... – Паша почесал в затылке. – А где же тогда север?

– Папа, а зачем нам север? – спросил Дракоша. – Ты же сам говорил, что там холодно.

– Чтобы найти наш дом, – вздохнул Паша. – Потому что, кажется, мы заблудились...

– Я знаю, где дом. – Дракоша указал лапой. – Вон там!

– Почему ты знаешь, что там? – спросила его Маша.

– По мухоморам.

– По каким мухоморам?

– По ядовитым.

В школе детей учат ориентироваться по мху, по солнцу, по компасу, по звёздам. Но ни в одной книге не написано, что можно ориентироваться по мухоморам.

Дракоше так понравились мухоморы, что, несмотря на запрет, он их всё-таки срывал и клал на землю. Получилась тропинка, на которой через каждые пять–десять метров лежал красный в белых пятнышках гриб.

Вскоре показались крыши дачного посёлка.

– Здорово ты придумал, – сказал Паша. – Без тебя мы бы заблудились.

– Гы! Я бы наш дом по запаху нашёл. Очень есть хочется.

...Чистка грибов – не самое интересное занятие.

– Мне кажется, что мы их вообще никогда не очистим, – ворчал Сергей Викторович.

– Ты же сам предлагал им бочку взять, – припомнила ему мама.

– Я пошутил, а они... Ладно, лучше расскажите, что вы в лесу видели.

Дети рассказали про то, как они потерялись, и про встречу с браконьерами.

– А ещё мы видели ёжика, – сказала Маша. – У него на спине был гриб. И Дракоша подумал, что грибы бегают!..

– Конечно бегают. А некоторые даже прыгают, – невозмутимо подтвердил папа.

Дети с подозрением посмотрели на него:

– Пап, ты опять шутишь?

– Даже и не думаю. Смотрите...

Сергей Викторович постучал по самой большой корзинке. Из корзины выскочила лягушка и запрыгала по траве.

– Ты знал!.. – засмеялись дети и мама.

Не смеялся один Дракоша. Он внимательно посмотрел лягушке вслед:

– А я знаю, где прыгающие грибы водятся. Я завтра их целую бочку насобираю!

Глава Восьмая

ДРАКОША-ЦАРЕВИЧ

Даже самые умные взрослые считают, что детям не всё нужно знать. Прочитает ребёнок сказку про Мальчика-с-пальчика и убежит в лес. Или узнает про Кощея Бессмертного и станет бояться темноты.

После того как Дракоша курил, чтобы стать огнедышащим, и взлетал с крыши дома, папа и мама решили, что читать ему сказки ещё рановато. Но они забыли одну простую вещь: если сказку не пускать в дверь – она залетит в окно.

Стрела влетела на чердак, когда Паша, Маша и Дракоша собирались гулять.

– Гы? – удивился Дракоша, разглядывая стрелу.

– Не «гы», а обыкновенная стрела, – сказал Паша, выглядывая в окно.

– А может, она сказочная, – вздохнула Маша. – Представляешь, какой-нибудь царский сын натянул тетиву, пустил стрелу...

– Ага! – засмеялся Паша.– И залетела стрела в наш двор, и взял этот царевич Машку в жёны!

– Куда взял? – переспросил Дракоша.

– Это сказка такая, – пояснила Маша. – Было у царя три сына. Когда пришло время жениться, велел им царь стрелять из лука – на чей двор стрела упадёт, на том дворе и невесту брать. Стрела Ивана-царевича угодила к лягушке в болото. И взял её Иван в жёны.

– Кого? – спросил Дракоша.

– Лягушку!

– А почему?

– Потому что дурак был! – хихикнул Паша.

– Сам ты дурак! – возмутилась Маша. – Не слушай его, Дракоша. Просто Иван-царевич честное слово дал. И лягушку в жёны взял, потому что был честным человеком.

– А лягушка?.. – продолжал допытываться Дракоша.

– А лягушка оказалась заколдованной царевной!

– Ладно, кончай сказки рассказывать, – сердито сказал Паша. – Макс пришёл.

Во дворе их ожидал Макс с луком в руках. На голове у него была шляпа с пером. Шляпа сразу же привлекла внимание Дракоши.

– А зачем у тебя пёрышко на шляпе? Чтобы она летала?

– Да нет, – засмеялся Макс. – Просто такие шляпы носили настоящие стрелки.

Он снял с себя шляпу и надел её на Дракошу:

– Вылитый Робин Гуд!

– А вот и нет! – не согласилась Маша. – Вылитый Дракоша-царевич.

– Царевич так царевич, – не стал спорить Макс. – Царевичи тоже неплохо из лука стреляли.

– Царевич... Из лука?.. Гы!

Дракоша с интересом наблюдал, как Паша скотчем приклеивает к сосне лист с нарисованными на нём кругами.

– Папа, а как стреляют из лука?

– Да очень просто, – не оборачиваясь, произнёс Паша. – Берёшь и стреляешь. Главное – попасть в центр! Понял?

– Понял! – кивнул Дракоша и изо всей силы запустил луковицей в мишень. Луковица со свистом врезалась в центр и разлетелась на мелкие кусочки.

Маша и Макс просто покатились со смеху.

– Дракоша, стреляют не из этого лука, – мрачно сказал Паша.

– А из какого? Из зелёного?

– Нет. Вот из этого. Смотри...

Первый выстрел Макс сделал сам, а затем стал показывать Дракоше:

– Берёшь лук в левую лапу. Правой берёшь стрелу и накладываешь на тетиву... Вот так. Потом натягиваешь тетиву...

– И пускаешь стрелу! – дружно закончили все.

– И пустил Дракоша-царевич стрелу, – проговорил Дракоша, отпуская тетиву.

Стрела взмыла в небо и исчезла далеко за деревьями.

– Вот это выстрел! – ахнули все.

– Куда она полетела? – заволновался Дракоша. – Надо её найти.

– Потом найдём! – махнул рукой Макс. – Стрел много. Кто следующий?

– Дракоша найдёт свою стрелу... – упрямо повторил Дракоша и направился в сторону калитки.

Паша и Маша, занятые спором, кто будет стрелять, не обратили на это внимания.

Неподалёку от участка Дружининых был небольшой пруд. Дракоша увидел сидящую на берегу лягушку и взволнованно поправил шляпу.

– Меня зовут Дракоша. Как честный человек, я должен взять тебя в жёны, – сообщил он лягушке.

Лягушка посмотрела на него и сердито квакнула.

– Но ты должна снять свою лягушачью кожу и превратиться в царевну, – предупредил её Дракоша.

Лягушка ещё раз квакнула и прыгнула в воду.

– Ты куда? – удивился Дракоша.

По воде расходились круги. Лягушка больше не появлялась, и Дракоша забеспокоился:

– Неужели она утонула?

Он уже собирался прыгнуть в пруд, но с другой стороны неожиданно послышался всплеск, и из воды вынырнула девочка в зелёном купальнике.

– Превратилась!.. – Дракоша присел от неожиданности.

Выйдя из воды, девочка наскоро вытерлась полотенцем, надела платье и убежала.

Дракоша потерял её из виду. Он нерешительно потоптался на месте и пошёл по дороге в посёлок.

Возле дома бабы Клавы он увидел свою стрелу. Дракоша толкнул калитку и вошёл во двор. Баба Клава собирала в огороде огурцы.

– Гы! Опять превратилась… – удивился Дракоша.

– Кто здесь?! – испуганно обернулась баба Клава.

Над кустами смородины торчала шляпа с пером, а сквозь кусты неясно проглядывал зелёный профиль. Сначала Клавдия Ивановна испугалась, но потом сообразила, что это Пашин дядя, который позеленел в Африке от неизвестной болезни.

– А, сосед… – кивнула она. – Как жизнь?

– А раньше была лучше… – вздохнул Дракоша, решив, что для прекрасной царевны баба Клава несколько старовата.

– Ой, что правда, то правда. Раньше всё было лучше, – охотно подхватила беседу баба Клава и достала из корзины огурец. – Вот, посмотрите, раньше все как на подбор были: ровненькие, крепенькие. А теперь что?..

– А теперь что?.. – заинтересовался Дракоша. – Теперь вы эту кожу тоже снимете?..

– Зачем же её снимать! Она ж молоденькая!

– Молоденькая? – удивился Дракоша.

– А ну, пошёл вон! – крикнула вдруг соседка.

– Пожалуйста. – Дракоша повернулся, чтобы уйти, и нос к носу столкнулся с козлом.

– Гы! Здравствуйте, – от неожиданности сказал Дракоша.

Козёл в ответ что-то промекал на своём козлином языке. И, как ни странно, но Дракоша прекрасно его понял. Может быть, в нём внезапно проснулась память предков. А может, ему не хватало человеческого общения. Но так или иначе, они перекинулись парой фраз, типа:

– Гы!

– Ме!

– Гы-ы!

– Ме-е!

А баба Клава продолжала ругать козла на чём свет стоит:

– Как ты меня замучил, ирод!.. Повадился в огород. И ничто тебя не берёт. Даже Коновалов! Пшёл вон, кому говорю!

– А почему вы не хотите уйти? – поинтересовался у козла Дракоша.

– По кочану! – объяснил тот и добавил: – Шутка. Капусты мне на своём огороде хватает...

Внимательно его выслушав, Дракоша сказал бабе Клаве:

– Он сказал, что не уйдёт!

– Что? Что он сказал? – закипела баба Клава. – Почему это он не уйдёт?!

– Ме-е-е!..

– Он сказал, что не любит грубого обращения, – перевёл Дракоша.

– Ах ты, наглая морда, – закричала баба Клава.

Козёл нагнул голову и топнул копытом.

– Он сказал, если вы ещё раз его оскорбите, он съест всю капусту. А что не съест – потопчет.

– Нет-нет. Не надо топтать... – испугалась Клавдия Ивановна. – Вы это... лучше спросите, зачем он ко мне повадился? Ходит и ходит.

Козёл затряс бородой.

– Он по-соседски заходит, поздороваться, – сообщил Дракоша.

– Поздороваться?.. – удивилась баба Клава. – Отчего ж не поздороваться? Здравствуй, козёл...

Козёл кивнул головой и степенно удалился.

– Вот чудеса! Спасибо, сосед! Кстати, я давно хотела спросить, вы в Африке-то долго жили?

– В Африке я не жил, – сказал Дракоша.

– Это верно. Какая там жизнь, в Африке... Сплошные эпидемии и огурцов, поди, нету. Одни бананы. Небось соскучился по огурчикам?

– Гы!

– Сейчас я тебе корзиночку наберу!

И баба Клава снова принялась за огурцы, с любопытством поглядывая на прячущегося за кустом Дракошу.

«Застенчивый», – проницательно подумала она.

– Да не расстраивайтесь, сосед. Врачи здоровье быстро поправят...

Закончив работу, она выпрямилась и протянула корзинку:

– Эй, сосед!.. Ну что, берёшь или раздумал?..

– Как честный человек, я должен взять, – сжимая в руках стрелу, согласился Дракоша.

– Так бери!.. А если у тебя денег нет, я подожду...

– Гы, беру! – махнул Дракоша лапой и вышел из кустов.

Увидев его во всей красе, баба Клава уселась прямо на грядку с огурцами...

– Безответственно!.. Бросить ребёнка одного...

Когда Дракоша с корзиной огурцов вернулся домой, родители отчитывали Пашу и Машу.

– Ну, слава богу, – обрадовалась мама. – Дракоша, ты где был?

– Жену искал...

– И нашёл? – сразу заинтересовался папа.

– Нашёл.

– И кто у нас жена? – спросил папа.

– Как честный человек, Дракоша должен взять в жёны бабу Клаву! – объявил Дракоша.

Все растерялись. Не растерялся только Сергей Викторович:

– Раз должен, значит, должен, – кивнул он. – А она согласна?

– Согласна, – кивнул Дракоша. – Только попросила денег.

– Денег? – недоумённо переспросила мама.

– Ну и порядочки пошли, – возмутился папа. – Раньше наоборот – за невестой приданое давали, а теперь...

– Серёжа!

– Молчу-молчу...

– Дракоша, пожалуйста, отнеси огурцы на кухню, – попросила мама.

Когда Дракоша вышел, папа улыбнулся:

– Наташа! Ты что, думаешь, это серьёзно? Я уверен, что это просто шутка.

– У Дракоши всегда всё серьёзно, – сказала мама.

– Да, папа, – поддержала её Маша. – Дракоша наверняка свою стрелу у бабы Клавы в огороде нашёл...

– Бред какой-то! – выслушав объяснения дочери, воскликнул папа. – Сказки сказками, но Клавдия Ивановна разумная женщина. А Дракоша всё-таки не человек.

– Так ведь она думает, что он – наш дядя из Африки! – мрачно сказал Паша.

– Дракоша – дядя? – только и смог выговорить папа. – Но дяди не бывают зелёными!

– А зелёным он в Африке стал. От болезни. Так мы ей объяснили.

– Ну молодцы! – развёл руками папа. – И что теперь прикажете делать?

– А ничего, – объявила мама, глядя во двор. – Клавдия Ивановна пришла.

Папа решил сразу расставить все точки над «и».

– Клавдия Ивановна, вы это всерьёз? – с порога спросил он.

– Что всерьёз? – не поняла баба Клава.

– Ну... в общем... согласились... Да ещё деньги...

– Ой, что вы, какие деньги?! – замахала руками баба Клава. – Он такой милый!

– Так, – помрачнел папа. – Клавдия Ивановна, я думаю, что вы чего-то недопонимаете!

– Чего?

– Ну, как бы вам попонятней объяснить? – замялся папа. – Видите ли, дело в том, что этот наш «дядя из Африки» не совсем дядя. И не совсем из Африки.

– Ну и что, что не из Африки?

– А то... – решился наконец папа. – А то, что это дракон!

– Не дракон, а Дракоша, – поправила баба Клава. – Он же ещё маленький...

– Не понял, – удивился папа. – Значит, вы не собираетесь за него замуж?

– Ой, бросьте, Сергей Викторович! – засмеялась баба Клава. – Вам бы всё шутки шутить! А я серьёзно говорю, что денег за огурцы не возьму.

– Всё хорошо, что хорошо кончается! – хрустя огурцом, объявил за ужином папа.

– Нет, нехорошо! – вздохнул Дракоша. – Как честный человек, я должен был жениться. Значит, я нечестный!

– Честный, честный... – успокоила его мама.

А папа добавил:

– Это только в сказках так женятся. В жизни всё гораздо сложнее. Ну, представь себе, что ты женился. Каждый день ты должен с утра до ночи работать на огороде, косить траву...

Мама удивлённо поглядела на папу. Но тот увлечённо загибал пальцы на руке:

– А ещё работа по дому, готовка, стирка...

– Это очень интересно, – заметила мама. – Продолжай, пожалуйста.

– И при этом ты ещё постоянно получаешь замечания! – с энтузиазмом продолжал Сергей Викторович.

– Серёжа! Ну, что ты говоришь? – не выдержала мама.

– Ага! Вот видишь?! – радостно заметил папа.

– Папа Серёжа! А зачем же ты тогда женился? – спросил Дракоша.

Папа растерянно замолчал.

– Это он по рассеянности, – ответила за него мама.

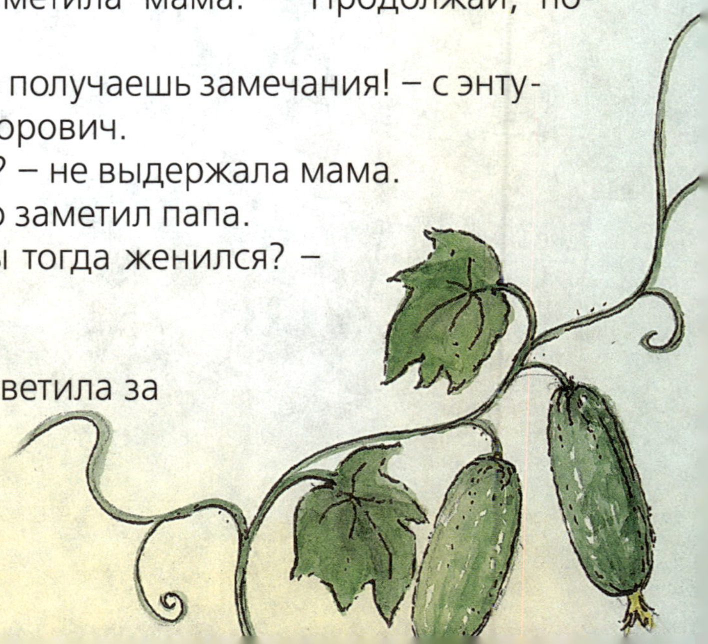

Глава девятая

ДРАКОША-АВТОМОБИЛИСТ

Все великие люди были рассеянными. Так всегда говорил Сергей Викторович, когда забывал выполнить какое-нибудь обещание.

– Папа! Ты нам ещё на прошлой неделе обещал привезти велосипеды.

– Да? – удивился Сергей Викторович, но, увидев лица детей, сразу же поправился. – Раз обещал, значит, привезу! Главное – вспомнить, куда я положил ключи от машины.

Из дома, позвякивая ключами, вышла мама:

– Произвожу обмен.

– Какой? – не понял папа.

– Натуральный. Ключи – на кухонный комбайн, который ты мне обещал ещё две недели назад.

– Если обещал, значит, привезу, – твёрдо сказал папа и устремился к машине, бормоча про себя: – Велосипеды и комбайн. Комбайн и велосипеды. Велосипеды и...

Помахав ему вместе с остальными, Дракоша спросил у Паши:

– Папа, что такое ве-ло-си-пед?

– Велосипед – это такая вещь... на двух колёсах. На нём катаются.

– Как на качелях?

– Нет, не так, а совсем по-другому. В общем, приедет папа – увидишь.

– Если не забудет, – ехидно добавила Маша.

– Папа Серёжа обещал, – покачал головой Дракоша.

Может быть, папе помогло бормотание или телепатически передалась Дракошина уверенность, но в этот день он не только выполнил, но и перевыполнил свои обещания.

Звонка в доме Дружининых не было. Поэтому сначала все удивились, услышав за калиткой дзыньканье, и только потом сообразили, что это велосипедный звонок.

– Ура! – завопили Паша и Маша и бросились открывать ворота.

– А это кому? – спросила мама, когда Сергей Викторович достал из багажника маленький трёхколёсный велосипед.

– Как – кому? Дракоше. Ведь он же у нас самый маленький…

– Серёжа, – укоризненно покачала головой мама.

– Совсем маленький… – расстроенно повторил Дракоша, рассматривая свой велосипед.

– Зато у него три колеса. А у наших – только два, – утешила его Маша.

– Только два?

– Два, – подтвердил Паша и показал на свой велосипед. – Вот, смотри: раз и два…

– А три лучше, чем два?

– Конечно! – кивнула Маша. – Ведь три больше двух.

– Больше – это хорошо, – обрадовался Дракоша. – Я люблю, когда больше.

– Про велосипеды ты вспомнил, а про комбайн, конечно, забыл, – вздохнула мама.

– Про комбайн? Кажется, утром я с кем-то договаривался. Надо только вспомнить с кем…

Послышался шум, и напротив дачи Дружининых возник огромный хлебоуборочный комбайн «Нива».

В калитку вошёл мужчина в промасленной спецовке:

– Эй, хозяйка! Комбайн заказывали?

Мама поглядела на папу, а папа на неё.

– Что-то не так? – робко спросил он.

– Нет, Серёжа, всё так! – вздохнула мама и поцеловала его в щёку. – Какой ты у меня всё-таки заботливый…

В конце концов маме удалось убедить комбайнёров, что комбайн ей совершенно ни к чему и что они просто ошиблись адресом.

А папа дал слово больше не путать кухонный комбайн с хлебоуборочным.

Паша и Маша быстренько показали, как ездить на велосипеде, и укатили на улицу. Дракоша в полном восторге принялся крутить педали и тут же налетел на дождевую бочку.

– Тормозить надо, – сказал папа, помогая ему подняться.

– А что такое тормозить? – спросил Дракоша.

– Тормозить – это значит останавливаться, или нажимать на тормоз.

– На что нажимать?

– Сейчас покажу, – сказал папа и задумался. – Интересно, где же у него тормоз?..

Он внимательно осмотрел весь велосипед, но тормоза так и не нашёл.

– Похоже, в этой модели он не предусмотрен... А-а, ерунда! В твоём возрасте я тормозил обо всё, что попадётся – об столб или об дерево... Главное – начать ездить, а тормозить научишься!

– Дракоша научится! – кивнул дракончик и решительно взялся за руль велосипеда.

«Надо же, какой упорный... Весь в меня!» – подумал Сергей Викторович.

Через минуту со двора послышался хруст, треск и грохот одновременно.

Папа и мама выскочили на улицу и увидели поваленную сосну. Рядом стоял довольный Дракоша.

– Дракоша, что случилось?!

– Дракоша учится тормозить! Дракоша тормозит, как сказал папа Серёжа! – сообщил он.

– Серёжа, ты всё-таки иногда думай, что говоришь...

– Да я ничего такого не имел в виду... – Папа посмотрел на поваленное дерево. – Ладно, Дракоша, на сегодня, пожалуй, хватит. Продолжим обучение утром...

Утром Дружининых разбудил оглушительный грохот. На часах было семь. А пушка полковника стреляла ровно в восемь.

– Что это – гроза? – удивился папа, выглядывая в окно.

– Нет, это Дракоша, – сказала мама, показывая на фигурную дыру в заборе. – Это его силуэт.

Через пять минут Дружинины на машине уже мчались по следу лихого велосипедиста. Поиски облегчались тем, что Дракоша везде оставлял следы своего пребывания.

– Вон! Вон! – закричали дети, показывая на поваленный столб.

– Да, – согласился папа. – Это точно он.

Покосившиеся заборы, поваленные столбы, погнувшиеся железные балки... Всё говорило о том, что они на верном пути.

– Как ты думаешь, это тоже он? – с волнением спросила мама, показывая на полуразвалившееся здание.

– Нет, – сказал папа. – Это РСУ номер пять.

– А ты откуда знаешь? – удивилась мама.

Папа молча указал на выцветший облезлый плакат: «Строительство объекта ведёт РСУ №5».

– А здесь он наверняка свернул!

– Но здесь «Проезд запрещён»! – показал папа на знак.

– Именно поэтому! – уверенно сказала мама, и машина свернула под запрещающий знак.

Дорога оборвалась у края леса. Неподалёку тянулась лесная просека.

– По-моему, раньше её здесь не было, – сказал Паша.

– Действительно, очень странная просека, – кивнула Маша.

В отличие от нормальных просек, эта непредсказуемо виляла в разные стороны. И кроме того, сделав большую петлю, почему-то поворачивала обратно.

– Нет сомнения – это он! – Папа выскочил из машины.

– Дракоша! Дракоша! Ты здесь? – закричали Паша и Маша.

– Гы! – Из-за поваленной берёзы высунулась голова Дракоши.

– Живой! – радостно бросились к нему дети.

– Ну и наломал же ты дров!.. – развёл руками папа, обводя взглядом лежащие на земле деревья.

– Дракоша учился ездить... – виновато сказал Дракоша, поднимая с земли велосипед. Точнее, то, что от него осталось. – Вот. Сломался...

– Велосипед – ерунда, – погладила его по голове мама. – Хорошо, что сам цел...

– Точно! Велосипед – это ерунда! – подхватил папа. – Вот когда я учился ездить на машине...

– На машине?.. – Дракоша задумался.

Папа и мама пили на кухне чай, когда туда ворвались Паша и Маша.

– Мам, дай чего-нибудь попить!

– А где Дракоша?

– Да он уже третий день из машины не вылезает. Играет!

– Серёжа, а тебе не кажется, что в последнее время Дракоша проявляет излишний интерес к машине? – спросила мама.

– Ну и что? – успокоил её папа. – Ребёнок интересуется техникой. Это вполне нормально для его возраста.

– А если...

– Никаких если! Ключи-то у меня. – Папа достал из кармана связку и для убедительности позвенел ею.

Мама посмотрела на ключи:

– А тебе не кажется, что это ключи от дома?

Подтверждая её слова, за окном взревела машина, и послышался удаляющийся шум мотора.

Старенький «жигулёнок» вырулил на трассу прямо перед «Мерседесом» и, лихо заложив вираж, покатил дальше. Водитель «Мерседеса» ударил по тормозам и выругался:

– В натуре, пенсионер за рулём!

– В натуре, женщина! – не согласился сидящий рядом с ним пассажир. – Смотри, как виляет!

– Дед!

– А я говорю: женщина!

– Спорим на тысячу? – предложил водитель.

– На две! – согласился пассажир.

– Один плюс две... – начал загибать пальцы водитель. – В общем, на пять!

– Типа того! Жми!

«Мерседес» легко догнал «жигулёнка», но вот обогнать его никак не удавалось. Тот ехал по совершенно немыслимой траектории: как только «Мерседес» пытался пойти на обгон, «жигулёнок» оказывался прямо у него перед носом.

– Не знаю, кто там сидит, – сквозь зубы процедил водитель, – но я ему сейчас покажу!

Наконец ему удалось поравняться с «жигулёнком». В этот момент в окно высунулась довольная морда Дракоши.

– Гы!.. – помахал он лапой.

Когда к врезавшемуся в столб «Мерседесу» подъехала машина ГИБДД, водитель и пассажир уже могли связать пару слов.

– Ну что, в поворот не вписались? – ласково поинтересовался инспектор.

– Ка-ка-кой поворот?! Мы тут «жи-жи-жигуль» обго-го-гоняли... – начал объяснять водитель.

– А из него ка-ка-как высунется та-та-такой зе-зе-зелёный, – подхватил пассажир.

– Стра-тра-трашный! – добавил водитель. – Да ка-ка-как зары-ры-рычит...

Оба дружно и страшно зарычали:

– Р-р-ры-ы-ы!..

– Всё ясно! – Инспектор протянул им трубочку для теста на алкоголь. – Значит, зелёный, говорите? И рычит страшно?.. В трубочку порычите, пожалуйста...

Результат не оправдал его ожиданий. Трубка показала полное отсутствие алкоголя.

– Странно, – задумчиво встряхивал инспектор трубочку.

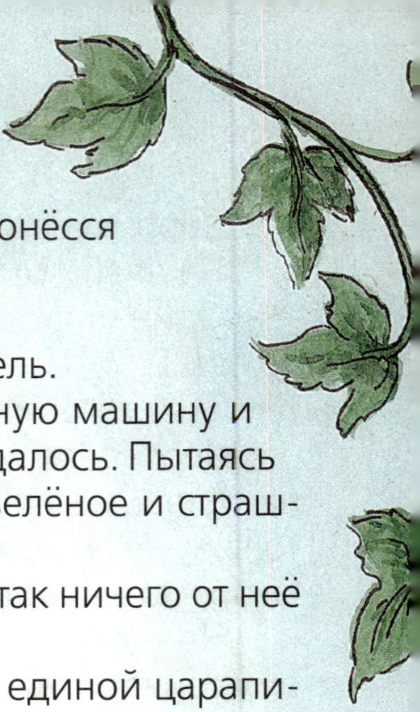

И тут мимо них, виляя из стороны в сторону, пронёсся «жигулёнок».

– Во-во-вот он! – закричал пассажир.

– Га-га-гад зелёный! – с чувством добавил водитель.

– Разберёмся! – Инспектор запрыгнул в патрульную машину и начал преследование. Однако разобраться ему не удалось. Пытаясь обогнать «жигулёнка», он тоже увидел за рулём «зелёное и страшное» и въехал в ближайший столб.

Обалдевший инспектор долго дул в трубочку, но так ничего от неё и не добился.

А Дракоша благополучно добрался до дома. Без единой царапины на кузове.

– Нет, я думаю, его всё-таки надо наказать!.. И как следует! – восклицал Сергей Викторович, нервно ходя кругами вокруг машины и потупившегося водителя.

– Только, пожалуйста, не бей его по попе, – тихо попросила мама. – Руку отобьёшь.

– Нет, просто так я этого не оставлю! – продолжал бушевать папа. – Да он у меня... Он у меня... целый день без гуляния будет сидеть! Вот! И не спорь!

– А я и не спорю, – вздохнула мама.

Своё одиночное наказание Дракоша отбывал на чердаке. Подперев голову лапой, он сидел у окошка и задумчиво смотрел в небо. Где-то в вышине аккуратно чертили белые линии самолёты.

Дети тайком пробрались на чердак, чтобы поддержать друга.

– Дракоша, ты как? – шёпотом спросила Маша.

Дракоша не ответил.

– Да ты не обижайся! – сказал Паша. – Нас тоже иногда знаешь как наказывают...

Не отрывая взгляда от неба, Дракоша спросил:

– Папа, а самолётом управлять трудно?

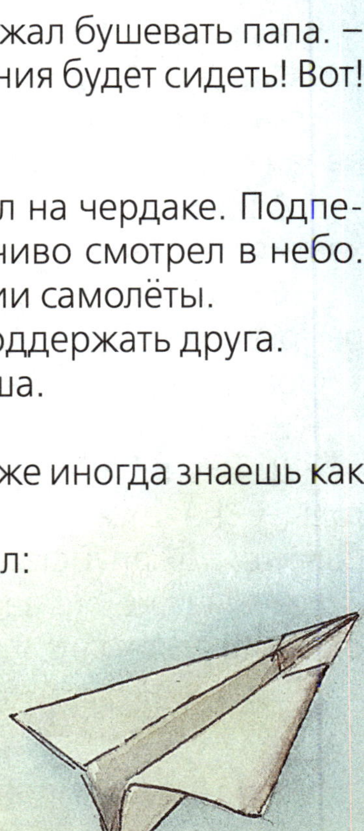

Глава десятая

ДРАКОША ЖАДНИЧАЕТ

Баба Клава шла с овощами на рынок, когда увидела лежащий прямо посреди дороги кошелёк. Она оглянулась по сторонам в поисках владельца, но никого не увидела.

– Эй, кто потерял кошелёк? – крикнула она.

Никто не откликнулся. Тогда честная баба Клава решила взять кошелёк и написать объявление, что, мол, найден кошелёк и владельца просят за ним зайти к бабе Клаве, точнее, к Клавдии Ивановне.

Оставив корзины, она наклонилась, чтобы взять кошелёк, но тот неожиданно отполз в сторону. Баба Клава потрясла головой и сделала шаг к кошельку. Кошелёк на всякий случай отполз от неё подальше.

Баба Клава рассмеялась и погрозила кошельку пальцем:

– Вот озорник!..

Затем подняла корзинки и продолжила свой путь.

На улице появился Лев Павлинович Коновалов. Увидев кошелёк, он остановился:

– Интересно... – Целитель протянул руку к кошельку.

Но кошелёк в руки ему не дался.

– Очень интересно... – чему-то обрадовался Коновалов и, широко расставив руки, двинулся за кошельком.

Кошелёк тут же двинулся от него. Коновалов остановился и удовлетворённо кивнул головой.

– Что это вы делаете, Лев Павлинович? – подошла к нему Жанна Эдуардовна.

– Разве не видите, развиваю свои психокинетические способности!

– Простите, какие?

– Пси-хо-ки-не-ти-чес-кие, – по слогам повторил Коновалов. – Психокинез, уважаемая, это есть особый дар перекачки психической энергии в кинетическую. Или, проще говоря, передвижение предметов посредством силы воли.

– А можно посмотреть? – заворожённо попросила Жанна Эдуардовна.

– Пожалуйста, – снисходительно проговорил целитель.

Поплевав на ладони и вытянув руки, он медленно пошёл к кошельку.

Кошелёк так же медленно начал от него отползать.

– Фантастика! – прошептала поражённая Жанна Эдуардовна.

– Не фантастика, а долгая и упорная тренировка! – назидательно проговорил Коновалов. – При желании каждый может развить в себе этот дар! Извините, но мне пора!

Он отряхнул руки и ещё раз пристально поглядел на кошелёк. Кошелёк испуганно дёрнулся. Коновалов удовлетворённо кивнул и ушёл.

Жанна Эдуардовна задумчиво посмотрела ему вслед, а затем – на кошелёк. Потом глубоко вздохнула, протянула вперёд руки и, зажмурившись, пошла к кошельку.

Сделав несколько шагов, она открыла глаза. Но кошелька перед собой не увидела.

– Получилось...

Потрясённая успехом, она тут же побежала рассказать кому-нибудь о своих новых феноменальных способностях, не услышав сдавленного хихиканья, раздавшегося из-за забора.

– Ой, я сейчас лопну!.. – катался по земле Макс.

– Психокинетические способности!.. – вторил ему Паша, задыхаясь от смеха.

Рядом с ними стоял прислонённый к забору спиннинг с прицепленным к леске кошельком.

– Дракоша, иди сюда! – замахали мальчишки руками. – Скорей!

– Мы что, идём на рыбалку? – спросил Дракоша.

– Почти. Смотри сюда. – Паша показал на щель в заборе. – Сейчас обхохочешься!

Макс взял спиннинг, поплевал на руки и, как заправский рыбак, закинул кошелёк за забор. Паша и Дракоша приникли к щели. А посмотреть там было на что. Как раз в этот момент мимо проходили Посиделов и Побежалов.

– Собирать бутылки гораздо лучше, чем браконьерить в лесу, – объяснял Посиделов напарнику, поднимая очередную пустую бутылку. – Во-первых, собирая бутылки, мы помогаем отечественному производителю. Во-вторых, собирание бутылок успокаивает нервную систему. А главное, здесь не так дует, как в лесу...

И тут прямо перед ними на дорогу приземлился кошелёк.

– Точно, – как зачарованный прошептал Побежалов и потянулся к кошельку. – А ещё в лесу кошельки на дороге не валяются...

– Не трожь! – остановил его Посиделов. – Это мой!

– Почему это твой? – возмутился Побежалов.

– Потому что это я его потерял!

– Да у тебя и кошелька-то не было!

– Потому и не было, что потерял!

Продолжая этот содержательный разговор, они потихоньку продвигались к кошельку, поглядывая то друг на друга, то на находку. Наконец, словно по команде, они одновременно бросились к кошельку. Но Макс ловко его подсёк, и, вместо того чтобы схватить кошелёк, приятели с треском столкнулись лбами. Они потёрли лбы и неприязненно посмотрели друг на друга. Но тут Макс начал крутить катушку, и кошелёк стал медленно отползать. Посиделов с Побежаловым прыгнули за ним. Но кошелёк тоже не сидел на месте, а отпрыгнул подальше. Жулики снова прыгнули...

Так они и прыгали до тех пор, пока кошелёк не взвился в воздух, а Посиделов с Побежаловым благополучно врезались в забор. Они ещё долго сидели под ним, потирая лбы и недовольно поглядывая друг на друга.

А за забором Паша и Макс просто давились от смеха.

– Папа, а это смешно? – спросил Дракоша.

– Конечно! – сказал Паша и засмеялся.

– А почему? – спросил Дракоша.

– Потому что они бегут за деньгами, а денег там нет! – захохотал Макс.

Дракоша ничего не понял и решил спросить, почему над этим надо смеяться, у папы Серёжи и мамы Наташи.

– Вообще-то это нехорошая шутка, – покачала головой мама.

– Да, – подтвердил папа. – И очень старая. Вот я помню, в детстве тоже...

– Серёжа! – предостерегающе сказала мама.

– ...никогда так не шутил.

– А зачем людям нужны деньги? – спросил Дракоша.

– Понимаешь, на деньги можно купить любую вещь, – объяснила ему мама.

– Любую? – заинтересовался Дракоша. – А самолёт можно?

– Можно, но...

– Тогда дай мне денег! – протянул лапу Дракоша.

– Слушай, а зачем ему самолёт? – спросил папа, после того как дракончику популярно объяснили, что сейчас в семье с деньгами не очень хорошо.

– Ну, как ты не понимаешь – у него мечта. Он хочет летать!

– Да я, собственно, не против. Но в последнее время самолёты как-то подорожали!

– Бедный Дракоша!.. – вздохнула мама.

– Дракоша бедный!.. – вздыхал Дракоша, сидя во дворе. – У Дракоши нет денег. Он ничего не может купить. Даже зубной пасты...

– Мама, где берут деньги? – спросил он у Маши.

– В кошельке.

– Там нету, – вздохнул Дракоша и направился с тем же вопросом к папе.

– Кто где берёт... – почесал в затылке Сергей Викторович. – Но вообще-то больше всего денег хранится в банках.

– Гы! – кивнул Дракоша и зашагал из комнаты.

Папа удивлённо поглядел ему вслед и сказал заглянувшей в кабинет маме:

– Что-то наше молодое поколение стало слишком интересоваться денежным вопросом.

– И не только молодое, – заметила мама. – У нас до твоей зарплаты осталось всего двадцать пять рублей.

Она хотела ещё что-то добавить, но тут с кухни донёсся страшный грохот. Мама и папа бросились туда.

Посреди кухни стоял Дракоша, белый от муки и с лавровым листом на голове. Все шкафы были раскрыты. Повсюду валялись пустые банки. А их содержимое – крупы, соль, сахар – лежало на полу.

– Дракоша!

– Гы!

– Ты что, есть хотел?

– Не-а! – помотал головой Дракоша и чихнул. – Деньги искал...

– Где? В шкафу? – поразилась мама.

– В банках. Папа Серёжа сказал, что деньги в банках хранятся. А они там совсем и не хранятся...

Дракоша махнул лапой и ушёл с кухни.

– Откуда в нём эта жадность? – вздохнула мама.

Дракоша ходил по двору, пристально глядя себе под ноги, но денег там тоже не находил. За этим занятием его и застала баба Клава.

– Здравствуй, Дракошечка! Как поживаешь?

В ответ Дракоша только тяжело вздохнул.

– Ты, случаем, не заболел? – заволновалась баба Клава. – Я вот вам молочка принесла. Выпьешь и сразу повеселеешь!

– Молочка?.. – оживился Дракоша.

Он внимательно поглядел на трёхлитровую банку с молоком, и его глаза заблестели:

– Баба Клава, а сколько денег стоит стакан молока?

Когда за ужином мама налила детям молоко, Дракоша решительно отодвинул кружку в сторону:

– Мама Наташа, а можно, я вместо молока деньги возьму?

– Какие деньги? – удивилась мама.

– Три рубля, – объяснил Дракоша. – По рыночной цене.

Поздно ночью мама вошла в комнату и потрогала спящего папу за плечо.

– Что?! Что случилось?! – вскочил папа.

– Серёжа, мне нужно с тобой посоветоваться. Я тут узнала о Дракоше одну вещь...

– Он уже открыл счёт в швейцарском банке? – зевнул папа.

– Серёжа, это очень серьёзно! Я просмотрела все сказки. Оказывается, склонность к накопительству – это природная черта всех драконов.

– Ну, это не так уж плохо. Может, мы с его помощью наконец накопим на новую машину...

– Серёжа, тебе нужно с ним поговорить...

– А родители у него на что? – проворчал папа и перевернулся на другой бок.

На следующий день Паша и Маша проводили воспитательную беседу о вреде жадности.

– Дракоша, жадничать нехорошо! – начал Паша.

– Гы! А что такое «жадничать»?

– Ну, – замялся Паша. – «Жадничать» – это значит хотеть слишком много.

– Я не жадничаю! – надулся Дракоша. – Я просто хочу денег. Совсем немного. Чтобы купить самолёт.

– Ну, ты даёшь! – засмеялась Маша. – Да это в три раза больше, чем слишком много!

– Дракоша, так нельзя, – строго сказал Паша. – Я, например, тоже давно хочу себе плеер. Но я же не прошу вместо молока денег.

– Да, – подхватила Маша. – А мне ролики нужны.

– Ну, твои ролики могут и подождать!

– Почему это?! – возмутилась Маша.

– Потому что ты на них кататься не умеешь!

– А ты сам-то умеешь?!!

– А я их и не прошу!!!

«Воспитательный процесс» был в самом разгаре, когда появился Макс.

– Привет! Чего это вы так орёте? Даже на улице слышно.

– Дракошу воспитываем. – Маша положила на кровать подушку, которую собиралась запустить в брата.

– А-а, тогда конечно. Бабка меня ещё громче воспитывает!

– Понимаешь, у Дракоши – бзик. Он хочет разбогатеть, – сказал Паша.

– Даже маме молоко хотел продать!

– Ну, на молоке не разбогатеешь! – махнул рукой Макс. – Есть способ получше!

– Какой?! – замер Дракоша.

Макс оглянулся по сторонам, поманил всех к себе и заговорщицким шёпотом произнёс:

– Клад!

Игры потому и называются играми, что в них играют понарошку. Но Дракоша относился ко всему очень серьёзно.

Сергей Викторович вышел с газетой из дома и тут же угодил в свежевырытую канаву.

– Откуда взялись эти дурацкие ямы?! – выбравшись, он с недоумением оглядел перерытый двор.

– Это дети играют в кладоискателей! – объяснила мама.

– Нет, мамочка, нам уже давно надоело. Один Дракоша играет, – сказала Маша.

Сергей Викторович уже приготовился сказать всё, что он думает по этому поводу, но тут у забора появился Чимурин. Взглядом опытного огородника он окинул двор и завистливо вздохнул:

– Прекрасно! Замечательно! Вижу, вы наконец-то решили всерьёз заняться огородом!

– Да не огородом... – попытался возразить папа.

– Понимаю, садом... – кивнул Чимурин. – А у меня радость. Директор колхоза выделил гектар земли под мои елобаны!

– Подо что, простите?! – не понял папа.

– Это мой новый морозостойкий гибрид ели и банана, – объяснил Чимурин. – Только боюсь, мне одному не справиться. Вам-то хорошо... Ваш дракон вон уже сколько накопал...

– Думаю, Афанасий Никитич, – задумчиво произнёс папа, – мы вам сумеем помочь.

Мама с осуждением посмотрела на папу.

– Извини, Наташа, но это единственный способ направить его энергию в мирное русло, – твёрдо сказал Сергей Викторович и направился к Дракоше, копавшему очередную яму. – Ну, как успехи, кладоискатель? Сколько нашёл кладов?

– Гы! Пока ни одного.

– А мне тут Афанасий Никитич по секрету сказал про одно место, где этих кладов пруд пруди. В общем, их там копать, не перекопать...

– Где?!

Сказать, что Дракоша работал как трактор, было бы неправдой. Дракоша работал лучше, старательнее, безостановочнее. Ни Чимурину, ни Паше с Машей, ни даже Наталье Юрьевне не удалось уговорить его сделать перерыв.

Стемнело. Все сидели за накрытым столом, но к ужину не притрагивались.

– Нет, мне кажется, это была не жадность, – нервно барабаня по столу, прервал затянувшееся молчание папа.

– А что? – спросила Маша.

– Упрямство! Наташа, в сказках ничего не говорилось об упрямстве драконов?

Хлопнула калитка.

– Ну как, нашёл клад? – спросил Паша, когда Дракоша вошёл в кухню.

– Нашёл. Жалко только, что он ненастоящий.

– Что значит – ненастоящий? – удивилась мама.

– А в нём монетки не красивые и блестящие, а тёмные и зелёные...

– Ну-ка, ну-ка...

Дракоша вышел на веранду и вернулся с тяжёлым чугунком. Сергей Викторович перевернул его, и на стол посыпались позеленевшие монеты.

– Восемнадцатый век, – сказала мама. – Ты ошибся, Дракоша. Это самый настоящий клад.

– Ура-а! – закричали Паша и Маша.

– Гы?

– Не «гы», а нашёл! Я всегда в тебя верил! – хлопнул его по плечу папа.

– А что можно купить на эти деньги? – робко спросил Дракоша.

– Конечно, самолёт на эти деньги не купишь, – сказала мама.

– А плеер для Паши?

– Элементарно! – кивнул папа.

– А ролики для Маши?

– Запросто! – подтвердил папа.

– А ящик зубной пасты?

– Хоть три!

– Лучше один... – скромно потупился Дракоша. – Три я не съем.

– Ну, тогда ещё куча денег останется! – Папа показал на кучу монет.

– А это маме Наташе, – сказал Дракоша и пододвинул их к маме. – На молоко.

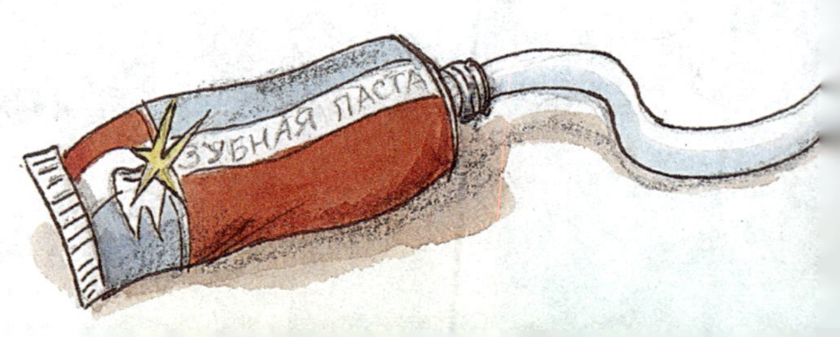

Глава одиннадцатая
МАМИН ДЕНЬ РОЖДЕНИЯ

— Дамы и господа, дети и дракоши! — объявил папа. — Торжественное совещание, посвящённое подготовке дня рождения мамы, объявляю открытым! Какие будут предложения?

— Подарить маме подарки! — закричали дети.

— Правильно! — кивнул папа. — На этом заседание объявляется закрытым! Идём искать подарки.

Паша бродил по участку и явно что-то искал.

«Наверное, он ищет подарок», — подумал Дракоша.

— Папа! А что ты собираешься дарить маме Наташе?

— Это секрет.

— Гы! А что такое сек-рет?

— Секрет — это то же самое, что военная тайна!

Что такое военная тайна, Дракоша знал хорошо. Он вздохнул и пошёл к Маше.

— Мама, а ты что собираешься дарить? Или это сек-рет?

— Нет, не секрет, — ответила Маша, срывая ромашки. — Я хочу сплести маме венок. Только никому не говори!

— Значит, это секрет, — сделал вывод Дракоша. — А можно, я тоже венок подарю?

— Нет, подарки должны быть разные!

Сергей Викторович завязывал перед зеркалом галстук, а это означало, что он собирается в город.

— Папа Серёжа, а ты что собираешься дарить?

— Честно?

— Честно.

— Только никому не говори...

— Это секрет? — догадался Дракоша.

— Точно! — кивнул папа. — Потому что я сам пока не знаю, что подарить.

– Вот и я тоже не знаю, – вздохнул Дракоша.

Папа уехал. А Дракоша решил пойти к Пал Палычу. Пал Палыч тридцать лет был изобретателем.

«А значит, – подумал Дракоша, – для него изобрести какой-нибудь подарок для мамы – проще простого».

– Вообще-то лучший подарок для женщины – это что-нибудь техническое, – со знанием дела сказал Пал Палыч. – По хозяйству. Хотя бы мясорубка...

– Мясорубка у мамы Наташи уже есть.

– Тогда, например, соко-супо-кофеварка.

– А что это?

– Это моё предпоследнее изобретение.

– А можно посмотреть?

– Видишь ли, оно ещё находится в стадии разработки, – замялся Пал Палыч.

На самом деле работала супо-соко-кофеварка замечательно, но почему-то варила и суп, и сок, и кофе одновременно. А Пал Палыч не знал ни одной хозяйки, которой бы это пришлось по вкусу.

– Лучше я тебе покажу своё последнее изобретение! Вот это уж подарок, так подарок! – Пал Палыч подвёл Дракошу к странному сооружению в глубине двора. Выглядело оно как нечто среднее между пылесосом и бетономешалкой.

– Гы! Что это?

– Это КУ-2, – гордо сказал Пал Палыч. – Ковровыбивалка усовершенствованная. Сейчас увидишь, как она работает.

Пал Палыч запихнул в отверстие машины лежавший на полу коврик и нажал на красную кнопку с надписью «Пуск». Дракоша смотрел во все глаза. Но увидеть ему ничего не удалось. Из машины донеслись мощные удары, и всё вокруг заволокло густым облаком пыли.

– Видишь, Дракоша... апчхи... какой... апчхи... замечательный подарок... апчхи...

– Ничего... апчхи... не вижу... апчхи... – чихнул Дракоша в ответ.

Когда пыль рассеялась, Пал Палыч ласково постучал по машине:

– Замечательный подарок!

– Спасибо! – вздохнул Дракоша. – Жалко, что у нас нет ковров... Апчхи!..

Следующей, к кому он зашёл за советом, была Жанна Эдуардовна.

– Наташа говорила, что у неё много работ. Но совершенно нет рам. Подари ей раму! Рама – лучший подарок для художника.

– Рама, – обрадовался Дракоша. – Спасибо! Кажется, я знаю, где её найти...

У калитки Дракоша столкнулся с Клавдией Ивановной:

– Баба Клава, а у меня есть секрет. Вы никому не скажете?

– Нет, что ты, Дракоша!

– У мамы Наташи день рождения. И я подарю ей раму для картины!

– Для картины? – задумалась баба Клава. – Наталья Юрьевна говорила, что она любит рисовать маслом.

– Гы? – удивился Дракоша.

– Точно. – Баба Клава достала из сумки горшочек с маслом. – Вот, возьми!

– Спасибо! – прошептал Дракоша, прижимая его к груди.

– Не за что! – махнула рукой баба Клава. – Масло-то своё. Не магазинное...

Мама проснулась от запаха дыма.

– Неужели пожар?! – Она торопливо спустилась вниз.

– Что у вас здесь происходит?

– Приготовление праздничного завтрака в полном разгаре! – доложил папа, пытаясь разогнать полотенцем дым.

– Действительно в разгаре... – Мама открыла окно.

Когда дым рассеялся, она увидела на столе огромную коробку, перевязанную цветной лентой.

– Это тебе! – Папа торжественно разрезал ленту.

В коробке лежало что-то большое, блестящее, с множеством ручек и кнопок.

– Что это? Кухонный комбайн?!

– Да! Самая последняя японская модель...

– Спасибо, дорогой! – поцеловала мама папу. – А как он работает?

– Пока не знаю, – замялся папа. – Видишь ли, он не понимает по-нашему.

– Не поняла...

– Ну-у... это самая последняя японская модель. Программируется голосом. Но ты не волнуйся! Я обязательно научу его русскому языку!

– Или я выучу японский, – засмеялась мама. – Давно собиралась это сделать, да всё руки не доходили.

– А к моему подарку ничего учить не надо. Зато он очень красивый, – сказала Маша и надела маме на голову большой венок из полевых цветов.

– Замечательно красивый! – согласилась мама, посмотревшись в зеркало.

– Пойдём, я покажу тебе свой подарок! – сказал Паша.

У забора, неподалёку от сарая, лежала груда булыжников.

– Солидный подарок! – присвистнул папа.

– Ты не понимаешь, Серёжа, – покачала головой мама. – Я всегда мечтала о саде камней.

– Ну, если сад... И тем более камней, – растерялся папа. – Тогда конечно!

– А зачем в саду камни? – спросил Дракоша.

– Это придумали для того, чтобы смотреть на них и думать, – объяснила мама. – Говорят, что сад камней помогает думать.

– Гы? – Дракоша задумчиво разглядывал камни.

– Гляди-ка, работает! – обрадовался папа.

Дракоша повёл всех в дом, достал из холодильника горшочек и вручил его маме.

– Вот. Это для твоей картины.

Дети засмеялись, но мама строго посмотрела на них.

– Большое спасибо, Дракоша! – поблагодарила она.

– Баба Клава сказала, что лучше всего рисовать маслом. Не магазинным. Своим.

– Спасибо! Замечательный подарок...

– А главное, очень своевременный, – добавил папа. – Потому что мы все запасы масла израсходовали на завтрак!

Неприятности начались сразу после завтрака. Когда папа объявил праздничное мытьё посуды открытым, вода из крана не полилась. Через минуту выяснилось, что в доме нет электричества.

– Интересно, а как я буду готовить?.. – расстроилась мама. – А кроме того, у меня все цветы засохнут.

– Наташа, не волнуйся. Сейчас я поеду и всё улажу.

Через полчаса папа вернулся довольный и улыбающийся.

– Поселковый совет решил сделать тебе ко дню рождения подарок: электричества не будет до завтра, – сообщил он. – Поэтому мы проведём чудесный вечер при свете костра. Ну и, конечно, луны!

– Согласна!

– Кстати, дети без меня дров не наломали?

– Нет, они ведут себя образцово.

– Ну, вот! А я ведь просил...

– Что? – не поняла мама.

– Наломать дров для костра, – пояснил папа. – И кстати, насчёт цветов не волнуйся. Вода будет!

С дровами разобрались быстро. Что стоит детям наломать дров? Тем более в день рождения любимой мамы!

Но как только костёр разгорелся, за забором послышалась сирена пожарной машины. Калитка распахнулась, и на участке появились майор Долгопрудный с папочкой под мышкой и рядовой Угольков с брандспойтом.

– Так, вижу очаг возгорания! – громогласно объявил Долгопрудный.

– Тушить?! – спросил Угольков.

– Отставить! Угля ещё нет, – принюхался Долгопрудный. – А уголь для шашлыка – первое дело.

Навстречу им из дома вышла мама.

– Здравствуйте! Опять ложный вызов?

– Надеюсь, что нет, – подкрутил усы майор. – Поступил сигнал, что у вас сегодня, так сказать, день рождения. А воды нет. Цветы сохнут.

– Тушить?! – встрепенулся Угольков.

– Эх, Угольков, Угольков... Не тушить, а поливать. Понятно?

– Так точно! – козырнул Угольков и приступил к поливке клумбы из брандспойта.

– Не знаю, как вас и благодарить, – улыбнулась мама.

– Это наш долг!

Майор галантно поцеловал маме руку и направился к костру, решив взять на себя руководство по приготовлению углей.

Пожарные люди бывалые. Долгопрудный хотя и обалдел, увидев Дракошу, но виду не подал, а только поинтересовался:

– Э-э... А-а... А он у вас не огнедышащий?

– Гы! Пока нет! – вздохнул Дракоша.

– И хорошо! – одобрительно кивнул майор. – Огонь – это вещь серьёзная...

Дети и дракон, мечтающий стать огнедышащим, – есть ли лучшая в мире аудитория для пожарного с богатой практикой?

Никто и никогда в жизни не слушал так внимательно рассказы Долгопрудного.

Вскоре начали собираться гости. Первым появился Пал Палыч. Он подарил маме автоматическую мухобойку собственного изобретения:

– Аналогов в мире нет! По точности попадания превосходит все существующие ракетные комплексы типа «земля – воздух».

За ним пришли Чимурин с бабой Клавой.

– Наталья Юрьевна, это вам! – Чимурин протянул маме банку.

– Спасибо, а что это?

– Это новый гибрид. Мне удалось методом многоперекрёстного опыления скрестить помидор, перец, хрен, лук, чеснок, лавр и горчицу.

– Что вы говорите? И как же этот гибрид называется?

– Пока ещё не знаю. Но Клавдия Ивановна любезно согласилась приготовить из него соус, – указал Чимурин на банку.

– Как раз то, что надо для шашлыков! – потёр руки папа.

Последними подошли Жанна Эдуардовна с Максом.

Макс с поклоном протянул маме огромный букет чайных роз.

– Спасибо, Жанна Эдуардовна! Спасибо, Макс! Я очень люблю чайные розы. Дракоша, поставь, пожалуйста, их в вазу...

– А чайные розы можно есть только с чаем?

За столом было шумно и весело.

– Шашлыки – это, конечно, вкусно, – объяснял Долгопрудный Жанне Эдуардовне, расправляясь с очередным шампуром. – Но я, например, больше люблю мясо тушить...

– Чего тушить-то?! – как из-под земли появился Угольков.

– Не тушить, а есть, – отмахнулся от него майор.

– Есть! – козырнул Угольков и строевым шагом направился к свободному месту.

День рождения постепенно перешёл в вечер. На небе появились первые звёзды.

– Красота! – сказал папа. – Только салюта не хватает!

– А вы бросьте камень! – предложил Пал Палыч.

– Камень? – удивился папа. – Куда?

– Как – куда? В мой огород, конечно!

– Пал Палыч, можно, я кину? – тут же вылез вперёд Макс.

– И я!.. И я!.. – решили не отставать от него Паша с Машей.

– Постойте, а где Дракоша? – огляделась мама.

Дракоша сидел в саду камней и о чём-то думал.

– Ты что здесь делаешь? – спросила Наталья Юрьевна.

– Мама Наташа, а у драконов бывает день рождения?

– Конечно, – сказала мама. – День рождения бывает у всех. Пойдём, все тебя ждут.

По сигналу Пал Палыча Паша, Маша, Макс и Дракоша дружно кинули камни. И сразу же участок Пал Палыча взорвался огнями фейерверка.

Крутились огненные кольца, били фонтаны огня. Небо напоминало огромную клумбу, на которой вырастали цветы невиданной красы и тут же рассыпались искрами. Даже Долгопрудный с Угольковым во все глаза смотрели на это зрелище, позабыв на время о пожарной безопасности...

– Это самый замечательный день рождения в моей жизни, – сказала мама.

– И в моей тоже, – сказал Дракоша.

Глава двенадцатая

ИНОПЛАНЕТЯНИН, или ДВАДЦАТЬ МЕТРОВ В СЕКУНДУ

Мама развешивала бельё, когда в калитку вошла Жанна Эдуардовна.

– Здравствуйте, Наташенька! А вы что, радио не слушали?

– Нет, а что случилось?

– Пока ничего, – многозначительно сказала Жанна Эдуардовна. – Но случится. Передали, что ожидается сильный ветер. Порывистый. До двадцати метров в секунду. То ли циклон, то ли муссон... Я в них не очень разбираюсь. А вы бельё...

На крыльце появился папа:

– Здравствуйте, Жанна Эдуардовна. Что у вас новенького?

– У нас новенького – ветер порывистый до двадцати метров в секунду!

Папа удивлённо поднял брови.

– Жанна Эдуардовна слушала прогноз погоды, – пояснила мама.

– Если не секрет, по какой программе?

– Ну, я не обратила внимания, – задумалась Жанна Эдуардовна. – А разве есть какая-то разница?

– Ещё какая! У нас ведь как: по одной программе – плюс двадцать два со снегом, а по другой – минус пятнадцать. С дождём!

– Что вы говорите! – всплеснула руками соседка. – А по какой что?

– Серёжа шутит, Жанна Эдуардовна.

– Так это шутка? – Жанна Эдуардовна громко засмеялась. Но потом вспомнила про ураган и про то, что она не сложила садовый зонтик. И поспешила к себе.

Только она ушла, у калитки появился Чимурин:

– Здравствуйте! Можете поздравить меня с прибавлением!

– С каким прибавлением? – спросил папа.

– У меня появилось десять новых грядок!

– Откуда, Афанасий Никитич? – удивилась мама. – У вас же нет ни одного свободного сантиметра...

– В этом-то всё и дело, – загадочно улыбнулся селекционер. – Пойдёмте, вы всё увидите!

Мама осталась развешивать бельё, а остальные отправились на экскурсию.

Над чимуринским огородом возвышалось очень странное сооружение, похожее на огромную этажерку.

– Что это? – в изумлении спросил папа.

– Огород-небоскрёб, – гордо ответил Чимурин. – Представляете, какая экономия полезной площади! Это – первый этаж. Это – второй этаж. Это – третий...

– А это какой этаж? – показал Дракоша на землю.

– Это? Можно сказать, что это подвал. Но это неважно! Важно, что из шести соток можно получить шестьсот. А то и все шесть тысяч! Убеждён, что это изобретение принесёт огромную пользу нашей стране.

– Действительно, замечательное изобретение, – кивнул папа. – Но мне кажется, что у нас ваше многоэтажное изобретение не оценят по достоинству.

– Почему? – удивился Чимурин.

– Потому что у нас в стране и... подвал-то как следует не обрабатывают. Вот в Японии – совсем другое дело. У них земли мало. Японцы ваше изобретение с руками оторвут.

– Вы так думаете? – почесал в затылке Чимурин. – А что, если...

Договорить он не успел. Налетевший порыв ветра сорвал с селекционера шляпу...

– Похоже, прогноз не обманул! – придерживая на носу очки, сказал папа.

– Какой прогноз? – спросил Чимурин.

– Обещали очень сильный ветер! До двадцати метров в секунду!

– Мой парник! Он же не прикреплён! – Чимурин бросился к парнику.

Шаткое сооружение так и рвалось в небо. Ветер разгулялся не на шутку. С каждой секундой держать парник становилось всё труднее...

На помощь Чимурину пришёл Дракоша.

– Да бросьте вы этот парник! Ураган начинается! – крикнул папа, еле удерживаясь на ногах, и скомандовал: – Всем на землю!

Все послушно выполнили команду. Даже Чимурин. Один Дракоша мёртвой хваткой вцепился в парник.

– Не улетишь! – бормотал он. – Всё равно Дракоша сильнее!

Ветер стих. Папа приподнялся и протёр запорошённые пылью очки.

– Все целы?

– Мой парник! – горестно воскликнул Чимурин. – Унесло!

– А где Дракоша? – спросила Маша.

Дракоша исчез вместе с парником...

– Представляете, у нас всё бельё унесло! Вместе с верёвкой! – радостно встретила мама вернувшихся домочадцев. – Вот это ветер!

– Мама, а Дракоша не возвращался? – спросили дети.

– Нет, – покачала головой мама. – А что случилось?

– По всей видимости, Дракошу унесло ветром. Вместе с моим парником, – вздохнул Чимурин.

Мама только охнула.

– Ветер дул недолго. И я не думаю, чтобы он мог далеко улететь, – попытался успокоить её папа. – Для начала нужно обойти всех соседей...

Чтобы не терять времени, решили разделиться.

Паша и Чимурин пошли к Пал Палычу.

– Нет, надо мной никто не пролетал – сигнализация бы сработала. А какой был парник?

– Тот, который вы мне сделали, – сказал Чимурин.

– О-о! – покачал головой Пал Палыч. – Это серьёзно.

– Почему? – испуганно спросил Паша.

– Да потому, что я этот парник из недостроенного дельтаплана переделал. При хорошем ветре он километров двадцать пролететь может... А то и больше.

Баба Клава тоже ничем не смогла помочь:

– Бедненький... Может, и пролетал, да я, Наталья Юрьевна, не видела. Я в это время на рынке была, а там всё летало. Огурцы, помидоры, свёкла... Ну, чистый винегрет!

А вот папе и Маше повезло.

– Нет, не видела, – сказала Жанна Эдуардовна. – Зато слышала. По радио.

– Что? – в один голос воскликнули папа и Маша.

– Что в где-то в Африке, кажется в Эфиопии, приземлился кто-то зелёный.

– В Африке? – с сомнением переспросил папа. – Наш Дракоша?!

– Про это не говорили, – покачала головой Жанна Эдуардовна. – Говорили, что он был в каком-то головном уборе. То ли в шляпе, то ли в бейсболке... Вспомнила! В берете!

– Бабушка, наверное, они говорили про «зелёные береты»! – сказал Макс.

– Вот, вот! Они самые! – обрадовалась Жанна Эдуардовна.

– Спасибо, – вздохнул папа. – Но это не он.

Сергей Викторович собрал военный совет. Все были готовы немедленно отправиться на поиски Дракоши. Но куда?

– По-моему, ветер дул сюда! – показал пальцем Пал Палыч.

– А мою шляпу унесло в другую сторону! – не согласился с ним Чимурин.

Жанна Эдуардовна вспомнила, что ветер предсказывали юго-восточный. И поисковая группа в составе папы, Пал Палыча, Чимурина, Паши, Маши и Макса отправилась на юго-восток. А мама с Жанной Эдуардовной остались ждать Дракошу на даче.

Посиделов и Побежалов сидели на берегу озера, выпивали и закусывали. Перед ними на траве лежали консервные банки, куриные ноги, овощи, фрукты и прочее изобилие.

Глядя на всё это, Побежалов даже зажмурился от удовольствия:

– Эх, почаще бы нам клизмы!..

– Какие клизмы? – чуть не подавился Посиделов.

– Ну, эти... бури, ураганы разные...

– Катаклизмы, дурень! – постучал себя по лбу Посиделов.

– А-а, всё равно!.. – махнул рукой Побежалов. – Главное, чтобы закуска сама сыпалась. Как сегодня. Колбаска, лосось, килька в томате... Жалко, помидоры побились!

– Мелко мыслишь, – поморщился Посиделов, закидывая помидор в рот.

– Ага, – кивнул Побежалов. – Арбузы мимо пролетели.

Посиделов тяжело вздохнул:

– М-да... Дал Бог напарничка. В голове одна закуска. Ладно, наливай!

Побежалов наполнил стаканы.

Послышался тихий свист.

– Не свисти! Денег не будет, – сказал Посиделов.

– А я и не свищу. Наверное, это соловей.

Но это был не соловей. Прямо с неба перед ними опустилось зелёное существо на летательном аппарате неизвестной конструкции.

– Кажется, последний стакан был лишним! – сказал Посиделов.

Побежалов ничего не сказал, так как временно потерял дар речи. А существо сделало к ним шаг:

– Гы!

– Гы! – угодливо кивнул Побежалов, отползая назад.

– Всё. Пора завязывать. – Посиделов решительно отставил стакан в сторону. – А то уже зелёные человечки мерещатся...

– Я не человечек, – сказал Дракоша.

– Пришелец!!! – догадался Посиделов.

– Я не пришелец, я прилетелец! – гордо ответил Дракоша.

– А ты откуда прилетелец?

– Оттуда. – Дракоша махнул лапой в сторону дачи.

– Значит, с Марса, – понимающе кивнул Посиделов и, немного подумав, добавил: – Или с альфы Центавра.

– А язык наш откуда знаешь? – поинтересовался любознательный Побежалов.

– Папа и мама научили.

– Правильно говорили, что «они» за нами уже давно наблюдают, – заметил Посиделов напарнику.

– Слушай, а чем они питаются? Они людей не едят?

– А кто его знает? – задумался Посиделов и на всякий случай выставил Побежалова впереди себя.

– А можно мне немножко хлебушка? – спросил Дракоша. – Я пока летел, очень проголодался!

– Конечно!

– Кушай, дорогой инопланетный гость! – радушно добавил Посиделов.

Мама и Жанна Эдуардовна места себе не находили. Уже прошло больше часа, а ни Дракоша, ни поисковая группа не появились. Зато

появился Коновалов. Народный целитель слышал о случившемся и готов был принять участие в поисках.

– Да его и так уже пошли искать... – вздохнула мама.

– Ходить – это прошлый век! Сейчас так уже никто не ищет!

– А как сейчас ищут? – поинтересовалась Жанна Эдуардовна.

– Я, например, могу определить местонахождение любого объекта по его фотографии, – гордо сказал Коновалов.

– Что вы говорите?! – всплеснула руками Жанна Эдуардовна.

– Дайте мне фото пропавшего, и вы получите его оригинал!

– У нас нет фотографии. Разве только... Подождите секунду!

Мама сбегала в дом и принесла машин рисунок с изображением Дракоши. Правда, на рисунке Дракоша больше походил на улыбающийся огурец с хвостом.

– Это вам подойдёт? – с сомнением спросила мама.

– Вполне. Отойдите, дайте мне сосредоточиться. – Коновалов закрыл глаза и начал делать руками пассы над рисунком. – Здесь нет, здесь тоже нет. А вот здесь... Вижу! Вижу!

– Что вы видите? – в один голос спросили мама и Жанна Эдуардовна.

– Он стоит. За ним что-то странное и прозрачное. А рядом с ним какие-то тёмные личности...

– Негры! – ахнула Жанна Эдуардовна. – Я была права – он в Африке!

– И одна из этих личностей очень им недовольна, – задумчиво добавил Коновалов, не открывая глаз.

Действительно, Побежалов был очень недоволен. Глядя, как Дракоша поглощает остатки еды, он сердито прошептал Посиделову:

– До чего ж эти пришельцы наглые! Гляди, уже почти всё сожрал. Вот свалился на нашу голову!

– Дурак, наоборот, это нам счастье привалило. Мы на нём такие бабки заработать можем! Слушай сюда...

Выслушав его, Побежалов заметно повеселел:

– Тогда пусть ест. Для дорогого... нет, очень дорогого гостя ничего не жалко.

– Мы сейчас уйдём, но скоро вернёмся! – сказал Посиделов Дракоше. – Ты только никуда не уходи! Обещаешь?

– Ладно, – согласился Дракоша. – Только вы недолго. Мне домой надо.

– Мы быстро! – заверил его Посиделов. – И ещё одна большая просьба. Когда мы вернёмся с корреспондентами, ты должен сказать вот так...

Он принял торжественную позу и громко сказал:

– Привет вам, земляне!.. Понял?

– Гы! – кивнул Дракоша.

По дороге Побежалов мучительно пытался вспомнить, где же он раньше слышал это «гы», но, увидев на придорожных кустах бельё, забыл обо всём.

– Точно, счастье привалило! – радостно бормотал он, засовывая бельё за пазуху.

На даче Дружининых царило уныние. Поисковая группа вернулась ни с чем. У Коновалова что-то разладилось, и вместо Дракоши он теперь видел одни огурцы и время от времени участкового Огурцова.

– Остаётся только одно, – решительно сказал папа. – Обратиться в милицию...

– Она уже здесь! – козырнул Огурцов, заходя в калитку. – У вас что-нибудь сегодня пропадало?

– Да! – сказала мама. – У нас пропал...

– Бельё! – Участковый достал из сумки бельё. – Ваше?

– Да это у нас ветром унесло!

– Не унесло, а унесли... – поправил её Огурцов. – Злоумышленники задержаны. Причём в сильно нетрезвом виде. Представляете, допились до того, что видели НЛО и прилетевшего на нём зелёного гуманоида...

– Постойте, постойте, – прервал его папа. – А где они его видели?

– Говорят, что на озере...

– За мной! – крикнул Сергей Викторович, бросаясь к машине.

Старый «жигулёнок» домчался до озера за рекордно короткое время. Из него высыпались Паша, Маша, Макс, Чимурин, Коновалов, Огурцов, Пал Палыч, папа с мамой и Жанна Эдуардовна.

Сломанный парник обнаружили сразу. А вот Дракоши нигде не было видно.

– Дракоша!.. Дракоша-а!!

Кусты на берегу затрещали, и из них появился Дракоша. Он выкинул вперёд левую лапу, правую отвёл назад и торжественно сказал:

– Привет вам, земляне!

Глава тринадцатая
ОТЪЕЗД

Чудесное время – лето. Всё в нём хорошо. Одно только плохо – быстро кончается.

Семья Дружининых готовилась к отъезду. Папа уже успел два раза найти свой любимый галстук и три раза его потерять. Паша и Маша то и дело бегали к маме с вопросом: что брать, а что не брать? Дракоша, возбуждённый общей суматохой, слонялся туда-сюда, сбивая сумки хвостом.

В общем, сборы были в полном разгаре, когда появились Макс и Жанна Эдуардовна.

– Я только на секундочку, – сказала соседка. – Запишите мой телефон...

Дети и Дракоша вытащили все вещи из дома и сложили их у машины, а Жанна Эдуардовна всё никак не могла остановиться:

– А если вы вдруг потеряете мой телефон, то можете позвонить моей двоюродной сестре: она вам всё скажет. А если не дозвонитесь, то есть ещё один телефон. В Саратове. Там живёт моя старая школьная подруга. Туда вы дозвонитесь обязательно, она на пенсии и всё время сидит дома. А ещё...

Но что ещё, маме узнать не удалось. Во двор вошли баба Клава и Дракоша, тащивший огромную корзину яблок.

– Вот, на дорожку вам собрала, – сказала баба Клава.

– Зачем же так много? – слабо запротестовала мама.

– Разве с таким помощником это много? – кивнула соседка на Дракошу. – И вы знаете, – добавила она, – я решила завести себе козу! Благодаря Дракоше.

Мама растерянно поглядела на Дракошу, а потом на бабу Клаву:

– Как это?

– Да очень просто, – охотно объяснила баба Клава. – Помните, я вам рассказывала, что ко мне козёл повадился. Так вот он

мне сказал, чтобы я завела козу. А не то, говорит, останешься без капусты!

– Прямо так и сказал? – поинтересовался папа.

– Да, – закивала баба Клава. – Мне Дракоша всё слово в слово перевёл. Он у вас такой умный!

– Гы!

Папа и мама с удивлением посмотрели на умного Дракошу.

А во дворе появился ещё один провожающий, Чимурин с кукубузом в руках.

– Слышал, вы уезжаете? Вот, принёс вам подарок...

– Что вы, то вы! – замахала руками мама. – Нам и так уже столько еды принесли...

– Это не для еды, – строго сказал Чимурин. – Это для памяти.

– Если мне не изменяет память, у него несколько другое действие, – осторожно заметил папа.

– Я не совсем точно выразился. Не для памяти, а на память.

– Ну, это другое дело... Большое спасибо! – поблагодарил его папа.

Осторожно, словно бомбу, взяв кукубуз, он огляделся, куда бы его спрятать. Но ничего не придумал и передал Паше:

– На, убери-ка его куда-нибудь подальше. А то мало ли что...

– Что это такое? – спросил Макс, увидев странный предмет.

– Классная штука! Кукубуз называется, – объяснил Паша. – От него всё в мозгах переворачивается. И начинаешь делать всё наоборот. Дракоша пробовал...

– Гы! – подтвердил Дракоша.

– Хорошо бы его нашей училке дать, – проговорил Макс, разглядывая кукубуз.

Между тем из-за забора их тоже разглядывали.

– Гляди-ка! – возмущённо прошептал Побежалов. – Наш инопланетянин! Мы же его первые нашли!..

– Увели! – мрачно сплюнул Посиделов. – Обокрали!

– Ну, и мы их обчистим! Пусть только уедут! – погрозил кулаком Побежалов.

– Балда! Когда уедут, всё ценное с собой увезут!
– А что же делать? – растерянно спросил Побежалов.
– Сейчас надо брать!
– Ты что? Там столько народу!..
– Народ – это ерунда, – усмехнулся Посиделов. – Чем больше народу, тем больше неразберихи...

Жулики перемахнули через забор и уверенно подошли к лежавшим около машины вещам. Посиделов по-хозяйски оглядел их:

– Будем перекидывать через забор.

Побежалов уже протянул руку к ближайшей сумке, но в этот момент к ним подошёл Чимурин:

– Извините, а вы кто?

Побежалов, не отличавшийся большим красноречием, смог только выдавить:

– Мы... мы... мы...

– Кажется, я вас где-то видел, – подозрительно поглядел на них Чимурин.

– Конечно, – важно кивнул головой Посиделов. – Мы двухмандатные депутаты деревенского собрания местного округа. Пришли ознакомиться с жизнью трудового крестьянства. А вы к нам по какому вопросу?

– Я, собственно... – смешался Чимурин. – А могу я попросить народных избранников?

– Только побыстрее, а то нас могут застукать, – нервно огляделся по сторонам Побежалов и тут же получил пинок.

– Коллега говорит, что нас могут увидеть народные массы, – пояснил Посиделов селекционеру. – Устроить нам овацию... А мы не любим привлекать к себе лишнего внимания. Ладно, излагайте свою просьбу...

– Мне очень нужен трактор. Чтобы...

– Хорошо, – прервал его Посиделов. – Отошлите вашу просьбу в письменном виде, и мы её проголосуем.

– А можно, я прямо сейчас напишу? – спросил Чимурин.

– Ты – за? – поглядел Посиделов на Побежалова.

– Ну, так!

– Можно, – согласился Посиделов. – Только в пяти экземплярах.

– Спасибо! Я сейчас! – радостно пожал им руки Чимурин и побежал в дом.

– Уф! Чуть не влипли!.. Слушай, а зачем в пяти?

– Чтобы дольше бегал.

Вся эта сцена не ускользнула от бдительного ока Маши.

– Пашка, посмотри! Ты этих дядек не узнаёшь?

Паша внимательно посмотрел на воров и даже присвистнул от удивления:

– Слушай, да ведь это же те самые, которых мы в лесу видели!

– Гы! – кивнул Дракоша. – А я ещё их на нашем участке с мешком видел.

– Интересно, а что это они около наших вещей делают?! – с подозрением спросила Маша.

– Как – чего? Стырить хотят! – заявил Макс.

– Надо сказать папе!

– Не надо! Есть другая идея! – заговорщически подмигнул Макс, показывая на кукубуз.

Побежалов и Посиделов приготовились ко второй попытке, когда к ним подошла Маша с тарелкой в руках. На тарелке лежал аккуратно порезанный кукубуз.

– Мама велела угощать всех гостей. Кушайте, пожалуйста!

– Ну что ж, идя навстречу пожеланиям трудящихся... – сказал Посиделов и положил кусок себе в рот.

– Я тоже пойду... – Побежалов жадно запихнул в рот два куска.

Посиделов поглядел на него и взял сразу три. Побежалов попытался засунуть в рот четыре... В общем, кукубуз исчез с тарелки со сказочной быстротой.

Маша хихикнула и убежала.

– Ладно, поели, пора и за работу! – Посиделов взял чемодан... и тут кукубуз начал действовать.

– Раз уж мы депутатные двухмандаты... – с удивлением услышал он от себя.

– Чего-чего? – переспросил его Побежалов, но тут и его постигла та же участь.

– А, ну да!.. Мы же избранные народники! – хлопнул он себя по лбу. – Нечего болтамедлить и баклушить. А то «мусора» заметут...

– Да мы сами все мусора заметём! – Посиделов схватил метлу и начал с энтузиазмом подметать дорожки.

– И уберём! – поддержал его Побежалов и бросился подбирать бумажки.

– Наташа, кто это? – удивлённо спросил папа, увидев из окна двух верзил, старательно убирающих участок.

– Не знаю, – сказала мама. – В первый раз их вижу.

Чимурин, писавший уже третий экземпляр прошения, посмотрел в окно:

– А, это?.. Это наши депутаты.

– Депутаты? Метут?! – удивилась мама.

– А что такого? – заметил Сергей Викторович. – Они же слуги народа.

К счастью для «слуг народа», они успели убрать весь участок и убраться сами прямо перед приходом участкового Огурцова.

– Вижу, заканчиваете дачный сезон? – опытным глазом оценил обстановку участковый.

– Да... Уже собрались.

– Что ж, давайте пройдёмте!

– Куда? – удивилась мама.

– В дом конечно.

Осмотрев дом, Огурцов покачал головой:

– А что же вы дверь-то не сняли?

– Зачем? – не понял папа.

– Для сохранности личного имущества.

Папа, мама и Чимурин в недоумении уставились на него.

– Сейчас все с холодильников двери снимают, – пояснил Огурцов. – Кому нужен холодильник без двери?

– А-а, с холодильника, – наконец-то дошло до папы.

– Ох уж эти городские! – вздохнул Огурцов. – Всё объяснять надо! И в калитку у вас любой зайти может!..

– Теперь не любой! – В дом вошёл Пал Палыч с инструментами в руках. – Теперь в калитку без специального кодового стука не войдёшь. Она на акваакустической сигнализации.

– Кваквакустической? Первый раз слышу, – пожал плечами участковый. – И как же она действует?

Объяснить изобретатель не успел. С улицы послышался звон ведра, вой сирены и чьи-то крики. Все выскочили из дома и увидели мокрого Коновалова, пытающегося стащить с головы ведро.

– Извините, я, кажется, что-то задел, – растерянно пробормотал Лев Павлиныч. Потом он полез в карман и ещё больше расстроился: – Я вам подарок нёс. А он... – Коновалов показал маме дырку в кармане. – Убежал.

– Да вы не расстраивайтесь! На воле ему наверняка будет лучше, – попыталась его утешить мама. – Пойдёмте, я вас горячим чаем напою.

– Очень интересно. – Огурцов поглядел вслед промокшему целителю. – А что, если в эту сигнализацию залить не воду?

– А что? – удивился Пал Палыч.

– Ну, например, – заработала пытливая милицейская мысль Огурцова. – Например, несмываемую краску! Или хотя бы чернила...

– Что ж, мысль интересная. – Изобретатель представил Коновалова, с ног до головы вымазанного чернилами.

– А представляете, что будет, если на каждой двери будет стоять ваша сигнализация?! – восторженно продолжал Огурцов.

Пал Палыч минутку подумал:

– Представляю: тогда мы будем жить, как в Африке...

– Это почему?

– Потому что тогда каждый второй будет ходить чёрным, – мрачно ответил Пал Палыч.

Огурцов надолго задумался.

Дети стояли на чердаке и смотрели в окно.

– Жалко уезжать, правда, Дракоша? – сказала Маша.

– Почему жалко?

– Ну-у, – задумался Паша. – Всё-таки это твоя родина. Ты здесь родился...

– Дети, Дракоша, спускайтесь, – позвала их мама. – Присядем на дорожку!

– А зачем? – поинтересовался Дракоша.

– Так принято, – объяснил Макс. – Понял?

– Гы!

Дракоша спустился вниз и уселся прямо на асфальтовую дорожку.

– Дракоша, что ты делаешь? – удивилась мама.

– Не видишь, что ли, присел на дорожку, – усмехнулся папа.

– А что, очень оригинально! Пожалуй, я тоже присяду. – Жанна Эдуардовна села рядом с Дракошей.

– И я!.. И я!.. – Дети последовали их примеру.

Деваться было некуда: уселись и папа с мамой и остальные провожающие. Последним, бормоча про себя: «Ох уж эти городские!», подложил под себя папку участковый Огурцов.

– Ну, вот и всё... Пора, – сказала мама.

После долгого прощания Дружинины загрузились в машину.

– Всё-таки хорошо, что мы купили эту дачу! – в последний раз оглянулась на дом мама.

– Это моя родина! – гордо сказал Дракоша. – Правда, папа Серёжа?

– Правда! – кивнул папа и нажал на газ.

Старый «жигулёнок» резво устремился к городу.

Дракоша в городе

Глава первая
ПРИЕЗД В ГОРОД

Семья Дружининых возвращалась в город. Когда показались первые высотные дома, Дракоша ахнул и прилип к стеклу:

— Какие большие дачи! В них живут великаны?

— Нет, — засмеялась Маша. — В них живут люди. И это не дачи, а дома.

— А разве наша дача не дом?

— Ну-у... Дом, конечно. Но маленький.

— Вот я и говорю, что здесь дачи гораздо больше, чем наша.

— Железная логика, — хмыкнул папа.

Район, в котором жили Дружинины, был довольно зелёным и считался экологически чистым. И всё-таки дракончик не мог не почувствовать разницу:

— Фу, как воняет!

— Не воняет, а пахнет, — поправил Паша.

— Значит, фу, как пахнет! Хуже, чем на помойке у бабы Клавы!

— Ничего не поделаешь, — вздохнула мама. — Это город. И мы в нём живём.

Машина свернула во двор.

— Смотри! — сказал Паша. — А вот это наш дом!

— Большой, — уважительно кивнул Дракоша. — И сарай тоже большой.

— Это не сарай, а детский сад, — обиделась Маша. — Я в него раньше ходила...

Но Дракоша её не слушал.

— И чердак, наверное, тоже большой!.. — мечтательно продолжил он.

Машина подруливала к подъезду, когда из него вышла по-военному подтянутая пожилая дама. Это была Мария Ивановна

Пуделева, до пенсии — директор школы, а сейчас общественная активистка, которую жильцы по старой школьной привычке звали Мариванной. Сложив руки на груди, она по-хозяйски оглядела двор. И тут папа вместо тормоза нажал на газ.

— Папа! Ты же наш подъезд проскочил!.. — закричали Паша с Машей.

— Я просто подумал, что надо Дракоше наш район показать.

— Действительно, домой мы всегда успеем, — кивнула мама.

Следующая попытка попасть домой тоже окончилась неудачей. Мариванна сидела на скамеечке перед подъездом и, похоже, уходить никуда не собиралась. В общем, Сергей Викторович снова нажал на газ.

— Папа, а почему мы опять мимо проехали? — спросила Маша.

— А мы с мамой решили Дракоше Москву показать!

— Не будет же она до ночи сидеть, — попытался приободрить он маму.

Москва Дракоше очень понравилась. Особенно ночная. И он расстроился, когда машина остановилась у безлюдного подъезда. Зато как обрадовались папа с мамой!

— Наконец-то! Дети! Приехали! Выгружаемся! Быстро!

Сонные Паша и Маша заворочались на заднем сиденье и перевернулись на другой бок. Пока мама пыталась их добудиться, папа и Дракоша приступили к разгрузке.

И тут дверь подъезда открылась, и из неё вышла Мариванна.

— С дачи приехали?

— С дачи, — сказала мама, пытаясь прикрыть собой Дракошу.

— А что ж это вы мимо дома-то проехали?

— Да отвык я от города, Мариванна! — начал неубедительно врать папа. — Вот и проехал...

— Дважды.

— Ну, вы же знаете, какой Серёжа рассеянный! — пришла на помощь мама.

— А это у вас что такое? — заметила соседка за спиной у мамы Дракошу.

— Дракоша, замри! — прошептал папа, и Дракоша тут же застыл.

— Кто «замри»? — подозрительно поглядела на него Мариванна.

— «Дракошазамри», — фантазировал на ходу папа. — Это такой сорт мексиканских кактусов.

— Какая-то форма у него странная. Никогда такой не видела. — Мариванна осматривала Дракошу со всех сторон.

— Это очень редкий вид, — пояснил папа.

— А где же у него колючки?

— А... А я его побрил!

— Зачем это?

— А... А чтобы он в дороге не кололся. Так сказать, для удобства перевозки!

— А-а-а! — понимающе кивнула Мариванна. — Ну, я пойду. Мне ещё другие подъезды надо обойти. Да, кстати, тяжеловато вам будет с этим кактусом.

— Почему? — спросила мама, радуясь миновавшей опасности.

— Лифт не работает.

— Ничего. Сам дойдёт, — пробурчал папа.

— Серёжа шутит! — поспешила добавить мама, увидев недоумённый взгляд соседки.

Договорились, что мама с Машей останутся внизу на тот случай, если Мариванна вдруг снова появится, а папа с Пашей и Дракоша быстренько перетащат вещи наверх.

Правда, быстренько не получилось. Мало того что лифт не работал, кто-то ещё вывернул в подъезде лампочку. В результате Паша, шедший последним, наступил на хвост Дракоше... и сразу скатился на полэтажа вместе с корзиной яблок.

— Мы идём на чердак? — спросил Дракоша, поднимаясь по лестнице.

— Нет, домой.

— Так ведь мы уже в доме!

— Мы идём в нашу квартиру.

— А что такое квартира?

— Это... это такие комнаты. А находятся они вот за такими дверями. Понятно?

— Гы! А почему мы тогда в них не заходим?

— Потому что это не наши квартиры. В них живут другие люди.

— А почему другие люди живут в нашем доме?

— Почему, почему?! Нравится им здесь жить! Вот почему! — отдуваясь, пробормотал Паша.

— Нравится? Это хорошо. Значит, наш дом хороший.

— Уфф! — добравшись до своей площадки, папа вытер со лба пот. — Тяжеловато всё-таки без лифта...

— Папа Серёжа, а лифт тоже в нашем доме живёт?

— Не живёт, а работает... То есть не работает, — уточнил Сергей Викторович.

— Не живёт и не работает? — заинтересовался Дракоша. — А что делает?

— Сейчас ничего. Паша, ключи у тебя?

— Нет. Наверное, они у мамы.

— Что ж, будем ждать.

Пока они ждали маму, Дракоша исследовал лестничную площадку. Видел он в темноте отлично, поэтому тут же заметил изрисованные стены, и окурки на ступеньках, и кучу мусора возле мусоропровода.

— Папа, а почему у нас дома так грязно?

— У нас дома чисто, — хмуро сказал Паша. — Это в подъезде грязно.

— А разве подъезд не в нашем доме?

— В нашем, — согласился Паша.

— А тогда почему в нём так грязно?

— Понимаешь, Дракоша, — пришёл на помощь папа, — этот подъезд не наш, а общий. Понимаешь?

— Не-а, — замотал головой Дракоша.

— Вот и я не понимаю, — вздохнул папа. — Почему, если общее, то нужно мусорить?

Наконец на лестничной площадке появилась мама с Машей, дверь открыли, и все зашли в квартиру.

Дети сразу же бросились показывать её Дракоше. Квартира Дракоше понравилась. Особенно большая комната.

— А где я буду жить? — поинтересовался Дракоша.

— Здесь, в общей комнате, — сказал папа.

— В общей? Гы! — поморщился Дракоша.

— Тебе здесь не нравится? — спросила мама.

— Наверное, он думает, что общая комната — это где все мусорят, — догадался Паша.

— Гы.

Папа задумался, и тут взгляд его упал на балкон. Сергей Викторович эффектным движением раздвинул шторы.

— Дракоша, иди сюда!.. Вот здесь ты будешь жить!

Балкон Дружининых был застеклён и обит деревом и сразу напомнил Дракоше дачную веранду. Дракончик был в восхищении и сразу потребовал принести ему матрас и подушку.

— Серёжа, а ребёнок там зимой не замёрзнет? — спросила мама, доставая постельное бельё.

— Утеплим. И потом, он всё-таки дракон, а не фикус...

— Тогда уж скорее мексиканский кактус «дракошазамри», — улыбнулась мама.

Глава вторая
НОЧНЫЕ ПОХОЖДЕНИЯ

— Наташа, я ещё немного поработаю, — сказал папа, щёлкая клавишами компьютера.

— Конечно, дорогой. — Мама тщательно складывала одеяло так, чтобы казалось, будто под ним кто-то лежит. — Спокойной ночи! — Наталья Юрьевна бесшумно выскользнула в коридор.

— Спокойной ночи, — рассеянно ответил папа, не отводя глаз от экрана.

Некоторое время Сергей Викторович бездумно щёлкал по одной и той же клавише. Затем оглянулся и тихонько спросил:

— Наташа, ты спишь?

Не дождавшись от свёрнутого одеяла никакого ответа, папа на цыпочках вышел из комнаты.

В детской комнате тоже было не до сна.

— Это моя футболка!

— Нет моя!

— Отдай!

— Сейчас как дам!

— А я как закричу!

— Тише ты! Родителей разбудишь! Пошли...

В подъезде было темно. И происходило там следующее:

Шшик! Шшик! — Паша выметал мусор с лестничной площадки.

Вжик! Вжик! — Маша оттирала стенку от надписей.

Шварк! Шварк! — Мама мыла лестницу.

— Ой! Ай! — Это мама и Маша наткнулись друг на друга.

Бум! — Паша споткнулся и упал.

— Ого! — Это папа вкрутил лампочку на лестничной площадке. — Что это вы тут все делаете?

— Да так, — развела руками мама. — Бессонница замучила. Вот я и решила небольшую уборочку сделать в честь приезда...

— А вы? — строго посмотрел папа на детей.

— А мы сначала спали... спали... спали... — начала объяснять Маша.

— А потом бац! — пришёл ей на помощь Паша.

— И уже не спим... вот, — упавшим голосом закончил он.

— Всё ясно, — кивнул папа. — Повальная эпидемия лунатизма.

— А ты-то сам что здесь делаешь? — в свою очередь спросила его мама.

— Я?.. А я подумал: вдруг мне ночью захочется на лестничную площадку почитать выйти, а света и нет! Вот я и решил лампочку вкрутить.

— Это ты кому-нибудь другому вкручивай! — рассмеялась мама.

Снизу послышались шаги, и из-за лестницы осторожно выглянул человек с пистолетом в руках. И хотя он был в трусах и майке, но с милицейской фуражкой на голове и в тщательно начищенных сапогах.

— Всем оставаться на своих местах! Руки вверх! — шёпотом произнёс он. — Так, нарушаем, граждане?

— Ой, товарищ Огурцов, здравствуйте! — сказала мама. — А что вы здесь делаете?

Действительно, человек в трусах с пистолетом как две капли воды был похож на поселкового участкового Огурцова.

— Во-первых, попрошу не путать. Не Огурцов, а Помидоров, — строго сказал он и взял под козырёк. — Ваш новый участковый. А во-вторых, это что вы здесь делаете ночью?

— Да вот что-то не спится. Поэтому решили убрать в подъезде.

— Да? — внимательно осмотрел лестничную клетку Помидоров. — Да-а-а...

— Извините, — спросил папа, разглядывая участкового. — А у вас, случайно, нет брата-близнеца, Огурцова?

— Нет, и никогда не было, — отрезал Помидоров. — С уборкой вы, конечно, неплохо придумали. Но лучше этим заниматься в положенное время, то есть днём. Понятно?

— Так точно! — вытянулся папа.

Помидоров подозрительно поглядел на папу, но ничего не сказал и пошёл вниз по лестнице. Чуть позже снизу донеслось:

— Да, чуть не забыл. Спокойной ночи!

— Спокойной ночи! — ответила семья.

Все разошлись по своим местам, и ночная уборка продолжилась с удвоенным рвением...

К утру подъезд было просто не узнать. Папа повесил на все лампочки абажуры собственного изготовления, а мама разрисовала

мусоропровод весёленькими цветочками. Мусоропровод стал таким красивым, что теперь в него было жалко выбрасывать мусор.

Паша и Маша оттирали последнюю надпись в подъезде, когда сзади них раздался грозный голос Мариванны:

— Ага! Попались, которые на стенках писали! Разве вас этому в школе учили?

— А меня ещё ничему в школе не учили, — надулась Маша. — Я в школу только первого сентября пойду,

— И мы не пишем, а, наоборот, стираем, — добавил Паша.

— Да? — удивилась Мариванна.

Она отодвинула Пашу с Машей и внимательно осмотрела стенку. Даже потрогала её пальцем:

— Странно...

— Гы! — сказал Дракоша, увидев сияющий чистотой подъезд. — Красиво!

— А сейчас я тебе ещё одну вещь покажу! — Паша нажал на кнопку лифта.

Двери лифта с шумом открылись.

— Какая маленькая комната! — удивился Дракоша и зашёл внутрь.

— Это лифт, — объяснила Маша.

— Который нигде не живёт и не работает? — вспомнил Дракоша.

Паша тоже зашёл в лифт и нажал на верхнюю кнопку. Двери с шумом закрылись

— Работает! — показал на двери Паша.

Лифт дёрнулся и поехал вверх.

— Ой! — удивился Дракоша. — Эта комната куда-то поехала! Куда она поехала?

— Наверх, — сказала Маша.

— А зачем? — спросил Дракоша.

— Чтобы по лестницам ногами не ходить, — объяснил Паша.

— На лифте быстрее, — уточнила Маша.

— Гы... — не поверил Дракоша.

Тут лифт вздрогнул и остановился. Двери с шумом раскрылись.

— Вот видишь, уже приехали!

Дракоша выглянул из лифта, чтобы убедиться в том, что его не разыгрывают.

— А вниз лифт тоже умеет? — поинтересовался он.

— Конечно умеет, — ответил Паша. — На какой этаж нажмёшь, туда и поедет!

Правда вскоре он пожалел о сказанном. Стоило лифту доехать до первого этажа, как Дракоша тут же нажимал на кнопку, и лифт ехал вверх. На верхнем этаже всё повторялось, и лифт ехал вниз. Из кабины только и раздавалось:

— А теперь вверх!..

— А теперь вниз!..
— А теперь вверх!..
— А теперь вниз!..
— А теперь вверх!..
— А теперь вниз!..
— А теперь вверх!..

— А теперь... — начал Дракоша, в очередной раз собираясь нажать на кнопку, но увидел стоящую перед лифтом маму.

— А теперь обедать! — скомандовала она, и команда лифтонавтов направилась домой.

В прихожей их встретил папа:

— Ну как, понравился Дракоше наш общий дом?

— А пусть он сам скажет! — Мама обернулась. — Дракоша!

Но Дракоши в прихожей не оказалось...

— Папа! — раздался его крик от мусоропровода. — Я ещё один лифт нашёл! Маленький. Можно на нём прокатиться?..

Глава третья
ОДИН ДОМА

Телефонный звонок раздался, когда Дракоша прогуливался по коридору.

— Гы? — удивился Дракоша и огляделся.

Звонок раздавался из странной маленькой коробочки на столике в прихожей. Дракоша подошёл к коробочке и осторожно потрогал её лапой. Коробочка в ответ зазвонила.

— Гы?! — ещё больше удивился Дракоша и снова потрогал коробочку лапой.

Коробочка снова зазвонила.

— Гы! — кивнул Дракоша. Ему понравилась эта игра, и он опять протянул лапу к телефону.

Но Маша его опередила. Она схватила трубку, быстро протараторила: «Алло-да-дома-пап-тебя-к-телефону!», положила трубку на столик и унеслась обратно в комнату.

Дракоша недоумённо посмотрел ей вслед и услышал голос папы:

— Алло. Да... Спасибо.

— Пожалуйста, папа Серёжа. — Дракоша обернулся. — А за что спасибо?

— Дракоша, я не с тобой разговариваю, — сказал папа и продолжил говорить уже в трубку: — Да... Хорошо, Андрей Алексеевич. Буду ждать вашего звонка...

Дракоша с интересом наблюдал за тем, что делает папа. Сергей Викторович положил трубку и объяснил:

— Это телефон. Понял?

— Понял! — на всякий случай кивнул Дракоша.

— Вот и хорошо, — сказал папа.

Дракоша подождал, пока он уйдёт, и подошёл к телефону с твёрдым намерением разобраться, что такое телефон и как он работает. Но тут снова зазвонило...

Когда папа вышел в коридор, Дракоша стоял и обиженно смотрел на телефонную трубку в своей лапе.

— Кто звонил? — поинтересовался папа.

— Телефон! — буркнул Дракоша.

— А... а что ты сказал, когда снял трубку? — осторожно спросил папа.

— Гы, конечно.

— И что он тебе ответил? — продолжил расспросы папа.

— «Сам дурак», а потом запищал «пи-пи-пи»...

— А вот говорить «гы» не надо, — сказал Сергей Викторович. — По телефону надо говорить «алло». Понял?

— Гы! — кивнул Дракоша. — Алло!

— Молодец! — похвалил его папа. — А если спросят, кто говорит, отвечай: говорит автоответчик!

— Алло! Говорит автоответчик! — повторил Дракоша.

И тут зазвонил телефон. Дракоша снял трубку:

— Алло, говорит автоответчик! Паша? Дома. Сейчас позову.

И Дракоша побежал звать Пашу к телефону.

— Здорово! Прямо как настоящий! — поглядел ему вслед Сергей Викторович. — Даже лучше. Обычный автоответчик к телефону не подзывает.

Дракоше повезло. Паше то и дело звонили одноклассники, Маше — подружки из детского сада. Когда после телефонного звонка Дракоша в очередной раз с шумом протопал в детскую, папа с гордостью сказал маме:

— Ну вот. А ты волновалась. Он уже прекрасно освоился в квартире. Так что его вполне можно оставлять одного...

— Как раз за Дракошу я не волнуюсь, — сказала мама. — Я больше за детей волнуюсь.

— А чего за нас волноваться? — обиделся Паша.

— А то, что завтра первое сентября, а у вас ещё ничего не собрано. И обувь грязная.

— Намёк понял? — спросил папа, указывая Паше на гору нечищеной обуви.

31

— Понял, — вздохнул Паша.

Чистка обуви — очень интересное и увлекательное занятие. Особенно если смотреть со стороны.

Дракоша, высунув от усердия язык, внимательно наблюдал за тем, как Паша выдавливал что-то из тюбика на ботинок, а потом долго возил по нему щёткой.

— Папа, а зачем ты красишь ботинки?

— Не крашу, а чищу, — сказал Паша, разглядывая вычищенный ботинок. — Мама говорит, что в нечищеной обуви ходить неприлично.

— Да? — удивился Дракоша и на всякий случай посмотрел на свои лапы. — А это что? — показал он на тюбик.

— Крем.

— Вкусный? — облизнулся Дракоша.

— Не вздумай его есть! — строго сказал Паша. — Знаешь, как живот заболит!

Дракоша сразу потерял интерес к чистке обуви и пошёл посмотреть, чем занимается Маша.

Маша в новом платье стояла перед зеркалом и примеряла большой бант. Увидев её, Дракоша остановился и открыл рот.

— Красиво? — спросила Маша.

— Очень! — кивнул Дракоша.

— Это хорошо, — важно кивнула Маша. — Завтра я иду в школу!

Она повернулась к зеркалу и снова занялась бантом. Дракоша немного потоптался и пошёл на кухню.

— Мама Наташа! Я красивый? — с порога спросил он у мамы.

— Красивый, — подтвердила мама.

— Значит, я тоже завтра пойду в школу? — радостно спросил Дракоша.

— Нет, Дракоша, — покачала головой мама, — ты ещё маленький. Вот подрастёшь немного, тогда и пойдёшь. А пока иди спать.

В восемь утра семья Дружининых стояла в коридоре. Празднично одетые Маша и Паша держали в руках букеты цветов.

— Дракоша, — сказал папа, — Маша с Пашей идут в школу. Мы с мамой — на работу. А ты останешься в доме за хозяина.

— А что должен делать хозяин? — поинтересовался Дракоша.

— Хозяин должен следить за порядком в квартире, — сказала мама.

Дракоша кивнул.

— Убираться и выносить мусор! — сообщила Маша.

Дракоша ещё раз кивнул.

— Чистить обувь! — поглядел на свои сияющие ботинки Паша.

Дракоша опять кивнул.

— В общем, хозяйничать, — закончил папа.

Дракоша снова радостно кивнул.

— И пожалуйста, никому не открывай дверь, — попросила мама.

Проводив всех, Дракоша в первый раз остался один дома.

Хозяйским взглядом он обвёл прихожую:

— Ай-яй-яй! А обувь-то нечищеная!

Вооружившись тюбиком с кремом и щёткой, Дракоша немедленно принялся за работу.

— Вот теперь совсем другое дело! — оглядел он длинный ряд чёрной блестящей обуви.

В этом ряду выстроились и когда-то белые мамины туфли, и Пашины, теперь уже чёрные, кроссовки, и Машина гордость — ещё вчера ярко-красные сапожки.

А Дракоша, заложив лапы за спину, продолжил обход квартиры. Не найдя никакого другого непорядка, он быстро заскучал и от нечего делать стал глядеть в окно. В этот момент со своей скамейки его и заметила Мариванна. Соседка видела, как семья Дружининых в полном составе вышла из дома, поэтому она тут же бросилась к телефону. И уже через несколько минут участковый Помидоров звонил в дверь квартиры Дружининых.

Услышав звонок, Дракоша проделал то, чему его научил папа Серёжа. Он снял телефонную трубку и сказал:

— Алло! — Не услышав ответа, Дракоша поинтересовался: — Кто это?

— Это участковый Помидоров! — послышалось из-за двери. — Откройте дверь!

— Дверь открывать нельзя! Никого нет дома, — вежливо объяснил Дракоша в телефонную трубку.

— А кто же тогда говорит? — насторожился Помидоров и на всякий случай потянулся к кобуре.

— Говорит автоответчик! — гордо ответил Дракоша и положил трубку.

— До чего техника дошла! Уже на дверях автоответчики ставят, — с завистью вздохнул участковый и пошёл вниз по лестнице.

А Дракоша вспомнил, что он ещё не выносил мусор. Выносить мусорное ведро ему очень понравилось. Особенно слушать, как мусор с шумом и грохотом летит вниз по мусоропроводу.

— Хороший лифт. Быстрый, — бормотал Дракоша. — Жалко, мусора мало.

Сергей Викторович всегда говорил детям: то, что валяется на полу — мусор. Обычно в детской был порядок. Но в этот день, в предпраздничной спешке, на полу остались Машины ленты и заколки. Из карманов Пашиных брюк тоже высыпалось немало разного имущества, включая пачку жевательной резинки. Недолго думая жвачку Дракоша отправил в рот, а остальное — в мусорное ведро. Пока он выбрасывал этот мусор, с папиного письменного стола сквозняком сдуло все бумаги.

— Ну вот. Опять непорядок, — обрадовался дракончик и так принялся орудовать веником, что сшиб с тумбочки старинную китайскую вазу. Осколков набралось ещё на одно ведро.

Когда Дракоша прислушивался к полёту содержимого пятого ведра, сквозняком захлопнуло дверь квартиры.

— Гы? — удивился Дракоша, увидев перед собой закрытую дверь.

Он потянул её, но дверь не открылась.

— Гы??? — ещё больше удивился Дракоша. И задумался, что же ему теперь делать.

А в это время этажом выше двое грузчиков вытаскивали из квартиры старое пианино.

— Давай, давай, заноси!.. — прохрипел один.

— Осторожнее, поцарапаем, — ответил другой.

— Да хоть разобьём, всё равно на помойку!

Дракоша поднялся на полпролёта и увидел, как два здоровых дядьки стаскивают по лестнице большой блестящий ящик. Наверное, ящик был очень тяжёлым, потому что дядьки пыхтели, как два чайника. Дракоша с интересом наблюдал за их действиями. Когда они поравнялись с ним, Дракоша вежливо спросил:

— Дяденьки, вам помочь?

Грузчики вместе с ящиком загрохотали вниз. Раздался страшный треск, а затем удаляющийся топот ног. Когда всё стихло, Дракоша недоумённо пожал плечами и вернулся к двери. Но двери не было: она лежала на полу. А посередине прихожей стоял блестящий большой ящик.

— Непорядок. — Дракоша прислонил дверь к косяку и начал двигать ящик в большую комнату.

Когда мама с папой вернулись домой, они долго не могли попасть в квартиру. Папа крутил ключами и так и сяк, но дверь упорно отказывалась открываться.

— Наверное, что-то с замком, — пробормотал Сергей Викторович.

— Дорогой, может быть, ты просто перепутал ключи? — осторожно спросила его мама.

— Попробуй сама!

Папа протянул ей ключи, облокотился о дверь... И вместе с ней ввалился в квартиру.

— Вообще-то я думал, что будет хуже, — честно признался Сергей Викторович, потирая бок и осматривая квартиру после Дракошиного хозяйничанья. — А так, кроме двери, всё просто отлично. И обувь вся вычищена. И вещей ненужных в квартире стало меньше. И пианино смотрится гораздо лучше той старой вазы.

— Какое пианино? — удивилась мама, входя в большую комнату.

— Да вот это!

— Дракоша, откуда здесь пианино? — поинтересовалась мама.

— Два дяденьки принесли и убежали, — объяснил Дракоша.

— Но так не бывает!

— Как видишь, бывает, — показал папа рукой на пианино и для наглядности постучал по нему. — Если, конечно, эти дяденьки не вернутся сюда с пистолетами.

— В любом случае, — прервала его мама, — не забудь сегодня вызвать слесаря. А то мы так и будем жить с открытой дверью.

— Ну и прекрасно! Может, к нам четыре дяденьки ночью рояль притащат. Или арфу!

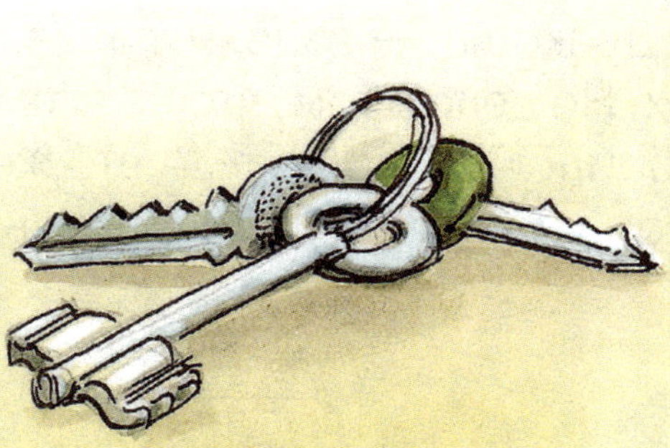

Глава четвёртая
ГОРОДСКОЙ НОКТЮРН

Никто из Дружининых на пианино играть не умел. И всё-таки появление в доме инструмента не прошло бесследно.

Мариванна остановила маму около подъезда и строго сказала:

— Наталья Юрьевна, я должна вам сделать замечание! Ваши дети постоянно смотрят телевизор. Причём включают его на полную громкость... Послушайте, даже отсюда слышно.

Действительно, из окна разносилась громкая музыка.

— Вообще-то дети сейчас в школе...

— А кто же это тогда?

— Это?.. Это, наверное, Серёжа забыл телевизор выключить. Вы же знаете, он такой рассеянный!

И мама поспешила в дом. В квартире стоял грохот, будто одновременно работало с десяток отбойных молотков.

— Здравствуй, мама Наташа! — радостно прокричал Дракоша, выскочив в коридор. — Классная музыка, правда?

Вообще-то мама так не считала, но кивнула, понимая, что у молодёжи могут быть свои вкусы.

— Мне так нравится музыка, — тоже закивал Дракоша.

— Я очень рада, — сказала мама. — Но у меня к тебе просьба. Ты бы не мог её любить немножко потише?

— Почему?

— Потому что эту музыку слышно даже во дворе...

— Это я специально сделал. Чтобы все слышали!

— Видишь ли, Дракоша, — вздохнула мама. — Это хорошо, что ты думаешь о других. Но дело в том, что не всем нравится такая музыка...

— Да? — расстроился Дракоша. — А что же делать?

— Может, ты попробуешь сам что-нибудь сочинить? — предложила мама.

На следующий день у подъезда маму опять остановила Мариванна:

— Наталья Юрьевна, я должна снова сделать вам замечание...

— Извините, Марья Ивановна! Серёжа опять, наверное, забыл телевизор выключить.

— Не знаю, что он там забыл выключить, но теперь у меня ещё и бухает. Так, что трещины по потолку пошли!

По большой комнате, как кенгуру, прыгал Дракоша, распевая при этом песню собственного сочинения:

— Май бэби дую вилбиду! Май бэби дую вилбиду!..

Увидев маму, Дракоша подскочил к ней и радостно сообщил:

— Май бэби дую вилбиду!..

— Что ты имеешь в виду? — слегка опешив, спросила мама.

— Песню! Я её сам сочинил! Как ты просила! Тебе нравится?

— Очень нравится. Просто...

— «Май бэби дую вилбиду!» не всем нравится? — догадался Дракоша.

— Ну, ты же всё понимаешь.

— А что тогда делать?

— Попробуй петь про себя, — посоветовала мама. — И пожалуйста, не прыгай при этом. А то у Мариванны потолок обваливается.

— Гы! — согласился Дракоша и начал бродить по квартире, что-то бормоча себе под нос.

Вечером он усадил всех на диван, отошёл на середину комнаты и объявил:

— Выступает Дракоша! Он исполнит «Песню Дракоши». Слова и музыка Дракоши.

После чего громко запел:

— Пусть не все любят песни Дракоши,
Но у Дракоши всё равно голос хороший.
Не все соседи понимают «вилбиду»,
Но всё равно Дракоша превратится в звезду.
Я звезда, я звезда, я звезда:
Вилбида, ты моя, вилбида!..

— М-да... — сказал папа, когда Дракоша закончил. — Конечно, это не Пушкин и не Моцарт. Но громкость прекрасная.

— А что? По-моему, не хуже, чем Децл! — не согласился с ним Паша.

— Вот я и говорю, что децибел тут хватает...

— Не об этом разговор, — прервала их мама. — А о том, что Дракоше очень нравится музыка...

— Гы! Очень-очень! — закивал Дракоша.

— А значит, надо с ним серьёзно заняться музыкой, — сказала Наталья Юрьевна.

— Тогда нас с этой «вилбидой» точно из дома выселят, — развёл руками папа.

— Ну, почему же? — возразила мама. — Вон, Макс — и на скрипке играет, и современной музыкой увлекается. Правда, Паша?

— Ага! Его бабушка раньше была учительницей музыки!

— А что, это мысль!.. — обрадовалась мама.

Жанна Эдуардовна согласилась попробовать научить Дракошу играть на пианино. Она была очень упорной женщиной. Поэтому от своих попыток отказалась лишь три часа спустя.

— Конечно, слух можно развить... — тактично сообщила Жанна Эдуардовна маме и папе. — Но вот поставить ему руку, то есть лапу, я вряд ли смогу.

— Почему? — спросила мама.

— Видите ли, Наташенька, она у него для этого инструмента несколько не приспособлена...

Тогда за дело решил взяться папа. Он расчехлил свою старую гитару и исчез в комнате. Гитара оказалась не таким прочным инструментом, как пианино. Папа вернулся на кухню буквально через пять минут.

— М-да... — вздохнул он, разглядывая порванные струны. — Похоже, для этого инструмента лапа у него приспособлена ещё хуже.

— Что же делать? — расстроилась мама. — Ведь Дракоша так любит музыку!

— Постойте, постойте!.. — воскликнула Жанна Эдуардовна. — Мне пришла в голову неплохая мысль. Ведь у Дракоши хорошие лёгкие. Почему бы ему не заняться игрой на трубе?

— Не уверена, что это хорошая мысль, — покачала головой мама. — Боюсь, что соседи будут возражать.

— Пожалуйста, можно взять что-нибудь другое. Например, флейту. Негромкий и очень красивый звук...

— Негромкий — это хорошо... — кивнул папа.

— Я уже представляю дуэт скрипки и флейты: Макс и Дракоша на сцене! Вот Дракоша подносит флейту к губам и...

— Я тоже представляю, — вздохнул папа, не забывший, как Дракоша может дуть. — Только боюсь, что нам денег не хватит...

— На обучение? — удивилась мама.

— Нет. На восстановление концертного зала.

— О чём это вы, Сергей Викторович? — поинтересовалась Жанна Эдуардовна.

— Да так, — пробормотал папа. — О своём задумался...

Пока на кухне обсуждалось музыкальное будущее Дракоши, в детской обсуждались музыкальные вкусы взрослых.

— Да ты не расстраивайся! Эти взрослые ничего в музыке не понимают! — хлопнул Макс Дракошу по плечу. — Я своей бабуле и рэп, и хип-хоп, и хеви-метал ставил. Не врубается!..

— Гы?.. — удивлённо переспросил Дракоша.

— Ничего, сейчас классный музон поставлю. — Макс достал из футляра для скрипки СД-диск. — На всю катушку оттянемся!

— Оттянемся! — радостно запрыгал Дракоша, услышав первые такты зажигательного рок-н-ролла.

— Это «Битлз», — оживился папа. — Только вот ударные звучат както странно...

— Это не ударные, — покачала головой мама. — Это соседи по батарее стучат. Скажи детям, чтобы сделали музыку потише.

Сергей Викторович направился в детскую. Притопывая в такт любимой песне, он сразу же забыл, зачем пришёл, и ещё добавил громкости. Что в свою очередь увеличило число ударников по батареям. Всё вокруг ревело, грохотало и звенело.

— Вот что такое настоящий рок! — сообщил папа детям, стараясь перекричать музыку.

— Гы! — согласился Дракоша.

И тут в дверь позвонили. Папа сразу же вспомнил, зачем он здесь.

— Дети, сделайте музыку потише! — сказал он и пошёл открывать.

За дверью стоял участковый Помидоров.

— На вас поступила жалоба. Неоднократное нарушение покоя соседей посредством громкого включения музыки. Будем принимать меры!

— Видите ли, товарищ Огур... — начала Жанна Эдуардовна, но мама что-то прошептала ей на ухо.

— Извините, товарищ Помидоров, — поправилась Жанна Эдуардовна. — Видите ли, в чём дело. Дети увлеклись музыкой. Понимаете?

— Музыкой? Почему не понимаю? Всё понимаю. Я сам в оркестре милицейской самодеятельности играю.

— Да? А на чём? — заинтересовалась мама.

— На свистке.

— На свистке?! — присвистнул папа.

— Свисток — один из древнейших музыкальных инструментов. Известен ещё со времён египетских ментов... то есть фараонов.

— Никогда бы не подумала, — покачала головой Жанна Эдуардовна. — А вы не могли бы нам что-нибудь на нём сыграть?

— Ну-у, — замялся Помидоров. — В рабочее время... Разве что немножко...

Участковый достал свисток, для тренировки взял на нём верхнее «до» и торжественно объявил:

— «Соловей». Алябьев.

И засвистел.

— Потрясающе! — воскликнула Жанна Эдуардовна, когда Помидоров закончил. — Никогда бы не подумала, что у нас такая музыкальная милиция!

— Ничего удивительного, — сказал папа. — При такой-то музыкальной фамилии...

— Это в каком смысле? — спросил участковый.

— В прямом. Только в помидоре есть целых три ноты: ми, до и ре!

— Вы настоящий виртуоз! — искренне похвалила милиционера мама.

— Но только по средам, с семи до девяти. В строго отведённых для этого местах, — уточнил Помидоров. И, убрав свисток в кар-

ман, добавил: — Ладно, на первый раз ограничимся предупреждением...

— Все слышали? — спросила мама детей и Дракошу, притаившихся за дверью.

— Слышали, — вздохнули дети.

— Не забывайте, что вы не одни в доме!

— А пошли гулять! — сказал Макс.

— Ничего не выйдет, — выглянул в окно Паша. — Народу много. К тому же Мариванна на посту.

— А если мы незаметно спустимся по водосточной трубе? — предложил Макс. — Я в одном фильме видел, как воры забрались в дом по трубе как по лестнице.

Водосточная труба проходила в полуметре от балкона.

— У нас пятый этаж, — испуганно сказала Маша.

— А в фильме был седьмой...

Идея иметь в своём распоряжении запасную лестницу показалась Дракоше очень заманчивой. Он подёргал трубу, пробуя её на прочность, и жестяное колено оказалось у него в лапах.

— Гы?

— Ну вот, я же говорила, что по трубам лазить нельзя, — сказала Маша.

— А я в музыкальной школе сначала на трубе учился играть, — вспомнил Макс. — Но у меня дыхалка слабая оказалась. Пришлось на скрипку переходить.

— А разве на трубе играют? — удивился Дракоша.

— Конечно. Только не на такой. А на медной, маленькой...

— А на такой никто не играл? — спросил Дракоша и, не дожидаясь ответа, изо всей силы дунул в водосточную трубу.

Душераздирающий, могучий рёв пронёсся по двору. Наверное, так ревел мамонт, загнанный пещерными людьми в ловушку. Старушки на скамейках испуганно огляделись по сторонам и начали креститься. Одно за другим распахивались окна, и оттуда выглядывали ничего не понимающие люди.

— Вот это да! — восхищённо выдохнул Макс. — Армстронг отдыхает... А ещё раз так можешь?

— Гы! — Дракоша набрал побольше воздуха и дунул.

Рёв получился ещё громче. У автомобилей сработала сигнализация, и они начали завывать в унисон с Дракошиной трубой. В общем, концерт получился ещё тот!

Жанна Эдуардовна, прислушавшись к раздававшимся с улицы звукам, заметила:

— Это напоминает мне монгольский рог...

— «Монгольский рок»? — пожал плечами папа. — Это что-то новое в рок-музыке. Видимо, я сильно отстал от жизни...

Глава пятая
ВОСКРЕСНАЯ ШКОЛА

Папа открыл глаза и увидел перед собой циферблат часов. Часы показывали начало девятого.

— Кажется, мы проспали. — Папа осторожно потрогал маму за плечо. — Наташа, ты знаешь...

— Я знаю, что сегодня ты обещал взять завтрак и детей на себя, — во сне пробормотала мама.

— Да? — удивился папа.

— Да! — подтвердила мама и перевернулась на другой бок.

— Если обещал — надо выполнять! — вздохнул папа.

Первым делом он пошёл в детскую и растолкал Пашу и Машу.

— Паша, Маша, просыпайтесь! — подняв детей с кроватей и оставив стоять посередине комнаты, Сергей Викторович побежал готовить завтрак.

По пути на кухню он столкнулся с Дракошей.

— Дракоша, просыпайся! — потряс он Дракошу за плечо и понёсся дальше.

— Я давно проснулся, — ответил Дракоша, но папы уже и след простыл.

Вообще-то Сергей Викторович и в обычном состоянии отличался некоторой рассеянностью. А уж спросонья и в спешке...

Папа включил чайник, засунул свою записную книжку в тостер и, довольный своими успехами, закричал:

— Маша! Паша! Завтракать!

— Папа Серёжа, — сообщил ему Дракоша, — а Маша и Паша сегодня в школу не идут.

— Пойдут, как миленькие! — Папа насыпал в чашку растворимый кофе и залил его кипятком.

— Дракоша, дай мне сахар, пожалуйста, — попросил папа, не найдя на столе сахарницы.

В это время звякнул тостер, и из него вылетела дымящаяся записная книжка. Папа подул на неё, положил на тарелку и плюхнул сверху ложку джема.

— Папа Серёжа, а где сахар? — огляделся Дракоша.

— В банке. Кажется, в красной. В общем, на ней написано, — махнул папа рукой в сторону буфета.

Дракоша открыл буфет, взял красную банку и передал её папе. Папа, не глядя, зачерпнул из неё ложку, насыпал в чашку, размешал и выпил. И надолго задумался.

Из задумчивости его вывел голос мамы:

— Серёжа, ты зачем в такую рань поднялся?

— Ничего себе рань! Дети уже в школу опоздали!..

— Серёжа, сегодня же воскресенье! — покачала головой мама.

— Да? Паша, Маша! Почему вы мне ничего не сказали?! — закричал папа.

— Единственный выходной, и то выспаться не дали, — пробормотал, выходя на кухню, Паша.

— Между прочим, раньше и по выходным учились. В воскресной школе, — сообщил папа.

— Так то раньше... — заметила Маша. — Раньше и сахар слаще был...

— Кто это тебе такую глупость сказал? — удивился папа.

— Ты!

Напоминание о сахаре переключило внимание Сергея Викторовича на чашку:

— Слушай, Дракоша! Ты что мне за гадость в кофе подложил?

— Сахар, папа Серёжа! — показал Дракоша на банку. — Вот он, в красной банке.

— Дракоша! Это соль, а не сахар! — сказал папа, увидев банку. — Здесь же написано: «Соль»! Ты что, читать не умеешь?

— Гы... — развёл Дракоша лапами.

Справедливости ради надо заметить, что кофе в папиной чашке и не пахло. Из-за спешки он перепутал банки и вместо растворимого кофе насыпал себе молотого перца...

Пока папа выяснял отношения с Дракошей, мама задумчиво рассматривала жареную записную книжку с джемом.

— Ладно, уговорили: завтрак беру на себя, — наконец сказала она. — А насчёт воскресной школы — это очень хорошая идея. Дети, вы уже давно обещали научить Дракошу читать. Вот и займитесь...

Паша нарисовал на бумаге букву «А».

— Дракоша, это буква А, — сказал он и, подумав, добавил: — Апельсин.

Дракоша с недоумением посмотрел на лист, потом взял его, понюхал и даже немного пожевал.

— Это не апельсин, — выплюнул бумагу Дракоша.

— Конечно, не апельсин! — растерялся Паша. — Это как бы апельсин...

— А ты сказал: «Апельсин», — обиженно проговорил Дракоша.

— Паш, ты про съедобное не говори! — посоветовала брату Маша. — Лучше просто так буквы называй: а, бэ, вэ...

— Просто так он не запомнит, — вздохнул Паша.

— Тогда другие слова возьми, несъедобные.

Паша кивнул и начал урок снова:

— Дракоша, это буква А. Абажур. Запомнил?

— Абажур? — повторил Дракоша. — Не запомнил.

— Почему? — удивилась Маша.

— Я не знаю, что такое «абажур», — признался Дракоша.

— М-да, так тоже не получается, — почесал в затылке Паша. — Надо попробовать по-другому.

— Паша, а нас в детском саду не по буквам читать учили, — вспомнила Маша, — а по слогам.

— По слогам? А что, это мысль! Вот, хорошее слово: му-ха. Дракоша, повтори!

— Му-у-у-у, — промычал Дракоша и закончил. — Ха!.. Му-у-у-у... Ха!

— Правильно! — обрадовался Паша.

— А я ещё одно хорошее слово знаю! — закричала Маша. — По-топ!

— По... — Дракоша изо всей силы топнул по полу ногой. — Топ!

— Класс! Молодец, Дракоша! — засмеялись Паша с Машей и тоже начали кричать и топать. — По-топ! По-топ!

В дверь позвонили, когда дети и Дракоша закончили изучать слово «потоп» и перешли к слову «утюг». Это были Мариванна с Помидоровым. Дракошу спрятали в ванную и открыли дверь.

— И вам не стыдно?! — грозно спросила Мариванна.

— А в чём собственно дело? — поинтересовалась мама.

— И они ещё спрашивают!.. — возмущённо повернулась Мариванна к Помидорову. — Как будто не знают, что держать больших животных в квартирах строго запрещается!!!

— Какой же он большой?! — в свою очередь возмутился папа. — Он ещё совсем маленький!

— Простите, кто маленький? — заинтересовался Помидоров.

— Как — кто? — удивился папа. — Дракон, естественно.

— Постыдились бы, Сергей Викторович! Взрослый человек, а туда же, — покачала головой Мариванна. — Корову они завели! — нажаловалась она Помидорову.

— Корову?! — поразился участковый.

— Конечно! А кто же ещё у них тут мычит да топает? У меня уже от её топанья полпотолка обвалилось!

— Мария Ивановна, — кашлянул Помидоров, — наверное, вы ошибаетесь. Корову в квартире и держать-то негде...

— Как это негде? А в ванной?! — прислушалась Мариванна и торжествующе заявила. — Вот, слышите?

Действительно, из ванной донеслось громкое и протяжное:

— У-у-у-у-у...

— Ну-у-у, Мариванна, — улыбнулся Помидоров. — Это же трубы. У меня в ванной они точно так же гудят. Только ещё и тюкают.

— Тюг!.. — послышалось из ванной.

— Вот так! — кивнул Помидоров и взял под козырёк. — Извините, граждане, ошибочка вышла...

Как только дверь за Помидоровым и Мариванной закрылась, папа с мамой строго посмотрели на Пашу с Машей.

— А что мы? Мы ничего. Мы только Дракошу по слогам читать учили.

— По слогам — это прошлый век! — заявил папа. — Надо учить читать сразу по словам.

— Папа, ты — гений! — воскликнул Паша, и они с Машей умчались в свою комнату.

Плоды папиной гениальной идеи дали себя знать очень скоро. Вся квартира была увешана бумажками «дверь», «стул», «телефон»...

Сергей Викторович сидел за компьютером, когда в комнату вошёл Дракоша. Он подошёл к папе, внимательно посмотрел на него и сказал:

— Папа Серёжа.

— Ну, — промычал папа, не отрываясь от компьютера.

— Папа Серёжа, — повторил Дракоша.

— Ты что-то хочешь сказать?

— Папа Серёжа, — ещё раз повторил Дракоша.— Правильно?

— Что правильно? — не понял папа.

— Папа Серёжа, — с удовольствием повторил Дракоша.

— Дракоша, пожалуйста, объясни, что ты хочешь?

— Я читаю! — объяснил Дракоша.

— Молодец! — похвалил его папа. — А что ты читаешь?

— Папа Серёжа! — в очередной раз сказал в ответ Дракоша.

— Ну, Дракоша, сколько можно?!

— Просто Дракоша хочет сказать, что он читает на тебе, — объяснила мама. И сняла со спины папы листочек с надписью: «Папа Серёжа». — Молодец, Дракоша! — похвалила она Дракошу и добавила:— И дети молодцы! Хорошо придумали.

Конечно, это здорово — сидеть на лоджии, разглядывать в подзорную трубу надписи на всех предметах и таким образом учиться читать.

— Безобразие! — возмущалась Мариванна, комкая в руках листок с надписью: «Лифт».

— Совсем распустились! — отодрала она прилепленную к скамейке бумажку с надписью: «Скамейка».

— Я вам покажу! — Мариванна решительно направилась к столбу, на котором было написано: «Столб».

— С кем воюем, Мария Ивановна? — поинтересовался участковый Помидоров.

— Да вот, хулиганы понавешали! Грамотные, понимаешь ли, все стали! Писатели!

И Мариванна направилась к помойке, надпись на которой подтверждала, что это действительно помойка. Помидоров задумчиво поглядел ей вслед: на спине у пенсионерки был прилеплен большой лист с надписью: «Мариванна». Участковый начал лихорадочно шарить руками у себя по спине. Ничего не найдя, он поправил фуражку и продолжил обход вверенного ему участка. Вместе с ним продолжил обход и прикреплённый к фуражке листок с надписью: «Фуражка».

Дракоша ходил по кухне и читал всё, что попадалось ему на глаза.

— Лав-ро-вый лист. Правильно, мама Наташа?

Мама кивнула.

— Пе-рец. Правильно, мама Наташа?

Мама ещё раз кивнула.

— Са-хар. Правильно, мама Наташа?

Мама снова кивнула.

— Соль. Правильно, мама Наташа?

Мама опять кивнула и вздохнула. Но поделать ничего не могла: не прерывать же учебный процесс.

— Му-ка. Правильно, мама Наташа?

Когда папа и мама уже собирались ложиться спать, в дверь их комнаты просунулась голова Дракоши.

— Папа Серёжа, мама Наташа, а что такое «тырь»? — спросил он.

— Что-что? — не понял папа.

— «Тырь», — старательно повторил Дракоша.

— Дракоша, такого слова нет, — сказала ему мама.

— Постой, постой... — задумался папа. — Вообще-то есть слово «тырить». Это значит брать без спроса. Но в книжках не может быть такого слова.

— Нет, может! — возразил Дракоша и, раскрыв большую книгу «Сказки», с выражением прочитал: — «Увидел бога-тырь сундук»!

— Ну-ка, дай посмотреть! — удивился папа, заглянул в книгу и рассмеялся. — Дракоша, это перенос! — объяснил он. — На самом деле надо читать так: «Увидел богатырь сундук»...

— А что такое перенос? — спросил Дракоша.

— Давай поговорим об этом утром, — зевнул папа. — А сейчас пора спать...

Но утром в квартире начали твориться странные вещи. У мамы прямо со стола пропала книга о вкусной и здоровой пище. Папа, как ни старался, не смог найти свою газету. У Паши исчез учебник по природоведению. А Маша обыскалась свою «Родную речь», но та как в воду канула.

И тут до папы дошло:

— Кажется, я знаю, где они. Все за мной!..

Как и предполагал папа, все пропажи нашлись у Дракоши на лоджии. Чтобы не терять времени даром, Дракоша разложил свою добычу перед собой и читал всё подряд. Понемногу из каждой книжки. И вот что у него получилось:

— Там, на не-ве-до-мых до-рож-ках... растут сос-ны, ели, бе-рё-зы, ду-бы и... ли-де-ры всех по-ли-ти-чес-ких фрак-ций... По-сле двух ча-сов ки-пя-че-ния в кас-трю-ле... они по-же-ни-лись и жи-ли дол-го и счаст-ли-во... Вот и сказ-ке ко-нец, а кто слу-шал...

— МО-ЛО-ДЕЦ! — закричали наблюдавшие за ним папа, мама, Паша и Маша. И дружно зааплодировали.

Глава шестая
ДРАКОШИН ОГОРОД

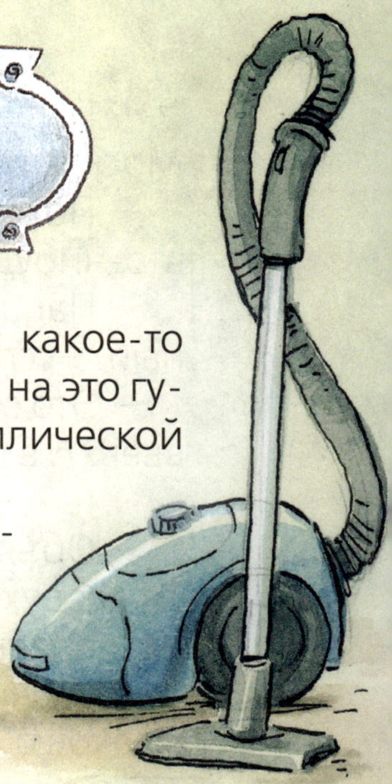

Дракоша сидел у себя, когда из комнаты донеслось какое-то странное гудение. Как зачарованный, Дракоша пошёл на это гудение и увидел маму, водившую по полу длинной металлической трубкой.

— Мама Наташа, ты что делаешь? — уставился на неё Дракоша.

— Убираю квартиру.

— А что это гудит?

— Это пылесос. Он очищает квартиру от пыли.

Дракоша не мог оторвать глаз от пылесоса.

— Мама Наташа, а можно, я? — попросил он.

— Пожалуйста.

Через некоторое время Сергей Викторович высунулся из комнаты и недовольно спросил:

— Наташа, что у нас там всё время гудит?

— Это Дракоша квартиру пылесосит, — объяснила мама.

— Ну сколько можно? Три часа подряд… За это время можно было уже весь дом пропылесосить!

— Потерпи, Серёжа, — улыбнулась мама. — Главное, что у ребёнка есть занятие.

Папиного терпения хватило ещё на полтора часа. После чего он решил, что уборку всё-таки пора заканчивать. Однако никакой уборкой и не пахло. Дракошу вместе с пылесосом он нашёл на лоджии. Дракоша удобно расположился с книжкой, а пылесос гудел рядом, трубка его была выставлена на улицу.

— Дракоша, ты что делаешь? — строго спросил папа.

— Очищаю воздух, — сказал Дракоша и перелистнул страницу.

— Как это? — удивился папа.

— Пылесосом, — объяснил Дракоша. — Ты же сам говорил, что в Москве очень грязный и пыльный воздух. Вот я его и чищу...

— Похвальное желание, — сказал папа. — Но так у тебя вряд ли что-нибудь получится. Разве что пылесос сломается.

— Папа Серёжа, а почему на даче воздух чистый, а в городе грязный? — спросил Дракоша.

— Это очень просто. Потому что на даче мало машин и много деревьев. А в городе — наоборот.

— Гы? — не понял Дракоша.

— Объясняю популярно, — начал папа ещё раз. — Деревья очищают воздух и вырабатывают кислород, которым мы дышим. Чем больше деревьев и растений, тем воздух чище...

— Значит, деревья и растения как пылесосы? — догадался Дракоша.

— Точно, — кивнул папа. — Это наши зелёные пылесосы! Я тебе куплю книжку про растения, и из неё ты всё узнаешь...

Тут из коридора раздался голос мамы:

— А у нас гости! Да заходите, Клавдия Ивановна, не стесняйтесь!

— Баба Клава приехала! — обрадовался Дракоша и побежал в прихожую.

Следом за ним вышел папа:

— О-о, здравствуйте, баба Кла... простите, Клавдия Ивановна! Какими судьбами?

— Да вот, на рынок приехала. Рассаду продавать...

— Проходите, Клавдия Ивановна, сейчас обедать будем!.. — пригласила её мама.

— Не-ет! — замахала руками баба Клава. — Я не голодная!

— Ну, хоть чайку-то выпьете? — спросил папа.

— Спасибо, от чая не откажусь.

Все уселись за стол, и баба Клава, чинно прихлёбывая чай с блюдечка, начала рассказывать последние новости:

— Из ваших-то соседей никого уже нет. Все в город уехали.

— А как там Коновалов поживает? — поинтересовался папа.

— Да он тоже в город подался, — махнула рукой баба Клава. — В городе, говорит, его талант нужнее. Напоследок всех петухов у нас перевёл и уехал!

— Как перевёл?! — удивилась мама.

— На осеннее время. Теперь они у нас на час позже кукарекают.

— А зачем? — спросил папа.

— Говорит, чтобы мы жили в ногу со временем.

— А Чимурин? — продолжила расспросы мама.

— А вы разве не знаете? — всплеснула руками баба Клава. — У него дом пополам треснул.

— Какое несчастье! — расстроилась мама.

— Вот и я говорю: несчастье. А он странный такой: радуется. Получилось, говорит!

— Что получилось?

— Репа, — объяснила баба Клава. — Здоровенная такая. Она прямо под домом выросла. От неё-то дом и треснул.

— Не может быть! — покачал головой папа.

— Может, папа Серёжа, — вмешался в разговор Дракоша. — Я в книжке читал, что один дед посадил репку, и выросла репка большая-пребольшая... И её никто вытащить не мог.

— Точно! — кивнула баба Клава. — Никто не мог. Пришлось экскаватор вызывать.

— И вытащили? — заинтересовался папа.

— Вытащили. Сейчас она здесь, на какой-то выставке растений.

— А я тоже решил зелёные пылесосы выращивать! — гордо заявил Дракоша.

— Какие пылесосы? — удивилась баба Клава.

— Растения, баба Клава, — объяснил Дракоша, — очищают воздух и вырабатывают кислород. Они — наши зелёные пылесосы. И я хочу их выращивать. Чтобы воздух был чище.

— Какой ты молодец! — погладила Дракошу баба Клава.

— Баба Клава, пойдём, покажу, где я пылесосы хочу посадить! — потянул бабу Клаву за рукав Дракоша.

Осмотрев Дракошину лоджию, баба Клава одобрительно покивала головой:

— Лоджия хорошая. Вместительная. И лучок можно посадить, и петрушечку, и укропчик. И маме на рынок ходить не надо. А рассаду я тебе дам.

— Ну что вы, Клавдия Ивановна, — попыталась возразить мама.

— А что же мне её, обратно в деревню тащить? — возмутилась баба Клава и посоветовала Дракоше: — Ты, главное, поливай почаще...

На следующее утро в дверь начали отчаянно звонить.

— Что там ещё за позвоночные?.. — недовольно проворчал папа и пошёл открывать.

За дверью стояла мокрая с ног до головы Мариванна.

— Сергей Викторович, что у вас происходит? У меня просто потоп! Вы что, воду забыли выключить?

— Да вроде нет. Кажется, ничего не течёт.

Мариванна лично проверила все краны. К её величайшему разочарованию, действительно нигде ничего не текло.

— Ничего не понимаю! — нахмурилась она. — Почему же у меня тогда льёт как из ведра?!

— А может быть, трубу в стене прорвало или дождь? — Папа уже начал догадываться, в чём дело.

— Какой дождь? Поглядите в окно!!! — закричала Мариванна.

Как раз в этот момент грянул гром и с неба полило как из ведра.

— Ну вот, я же говорил! Дождь... — облегчённо вздохнул Сергей Викторович.

Когда Мариванна удалилась, папа и мама провели с Дракошей воспитательную беседу.

— Дракоша, нельзя так поливать растения. Они могут погибнуть, — объясняла мама, пока папа вычерпывал воду из лоджии.

— Я не знал, — развёл лапами Дракоша. — Папа Серёжа, ты же мне обещал купить книжку про растения. Там про это наверняка написано!

— Ну-у, — замялся папа. — Я не успел...

— Серёжа, если обещал — надо выполнять, — укоризненно сказала мама.

— Ладно, завтра куплю.

— И семена! И удобрения! — радостно добавил Дракоша. — Гы?

— Гы... — Папе ничего не оставалось, как согласиться.

Когда человеком овладевает страсть к чему-нибудь, то остановить его очень трудно. Если же такая страсть овладевает драконом, то... В общем, житья в доме не стало никому.

Паша и Маша делали уроки, когда в детскую зашёл Дракоша с ведёрком и совком в лапах.

— Мама, принеси мне землю, — протянул он ведро и совок Маше.

— Дракоша, не видишь, я делаю уроки!

— Ты обещала! А если обещала — надо выполнять!

— Ну, хорошо... — вздохнула Маша и, закрыв учебник, пошла за землёй.

— Папа, ты нашёл циклопудию?

— Не циклопудию, а энциклопедию, — поправил его Паша, не отрываясь от учебника.

— Ну, энциклопудию... Нашёл?!

— Какую? — поморщился Паша.

— Про растения.

— Дракоша, давай потом. Мне сегодня много уроков задали.

— Ты обещал! — напомнил ему Дракоша. — А если обещал...

— Знаю, знаю... Надо выполнять... — Паша вздохнул, закрыл учебник и обречённо направился к книжным полкам.

Даже за ужином Дракоша умудрился свернуть разговор на нужную ему тему.

— Мама Наташа, — спросил он маму с набитым ртом, — а ты знаешь, что самое высокое дерево на Земле — это секв... ой!

— Что случилось? — испугалась мама.

— Я...

— Что ты?

— Сек-в-ой-я веч-но-зе-лё-ная, — наконец, прожевав, выговорил Дракоша. — Высота — сто десять метров. Это высоко?

— С три наших дома будет, — прикинул в уме папа.

— Вот было бы здорово его вырастить!.. А потом залезть и посмотреть в мою подзорную трубу.

— А потом упасть, — мрачно добавил Паша.

— Паша... — укоризненно посмотрела на него мама.

— Да замучил он уже со своим огородом!.. — пробурчал Паша.

— Радоваться надо, что у Дракоши появилось увлечение, — укорила его мама и обратилась к Дракоше: — А что бы ты ещё хотел вырастить?

— Хлебное дерево. Чтобы ты в магазин не ходила.

— Дракоша, не выдумывай! Нет такого дерева! — запротестовала Маша.

— Почему нет? Есть. Есть и хлебное, и земляничное, и даже колбасное, — подтвердил папа.

— Земляничное? — открыла рот от удивления Маша.

— Колбасное? — переспросил Паша.

— Да, — кивнул папа. — Конечно, земляника и колбаса на них не растут. Они только так называются.

— Жалко, — расстроился Дракоша. — А я-то думал...

На следующий день папа принёс книжку о растениях, семена и удобрения. Мало того, он привёл в гости Чимурина.

— Как ты его нашёл? — шепнула мама, наблюдая, как Афанасий Никитич и Дракоша оживлённо беседуют на лоджии.

— По плодам его трудов! — гордо расправил плечи папа.

— То есть? — не поняла мама.

— Я просто не мог пройти мимо, — охотно пояснил папа. — Его «репка» полпавильона занимает.

— Давай пригласим его на кухню, — предложила мама. — А то неудобно как-то получается. Я хоть чаю поставлю...

— Не надо, — остановил её папа. — Им сейчас не до чая!

Действительно, Дракоше и Чимурину было не до чая. Обсудив проблему полива растений, селекционер прочёл целую лекцию о прополке и долго растолковывал Дракоше, что опыление растений сильно отличается от опыления квартиры и что пылесос здесь ни при чём.

— После этого можешь приступать к первичной гибридизации по моему методу, — говорил Чимурин. — И никого не слушай. Конечно, на это потребуется не один год, а может быть, и не один десяток лет. Но если сильно захотеть, то всё получится. И хлеб у тебя вырастет, и колбаса, и конфеты!

— Гы! — радостно кивнул Дракоша и тут же, не откладывая в долгий ящик, приступил к первичной гибридизации по методу Чимурина.

А самого селекционера мама пригласила на кухню пить чай.

— А какой у вас чай? — поинтересовался Чимурин, усаживаясь за столом.

— Зелёный, — сказала мама.

— А я вывел новый сорт: серо-буро-малиновый. Не желаете? — потянулся селекционер к своему портфелю.

— Нет, нет, спасибо! — торопливо отказался папа.

— Афанасий Никитич, вы меня извините, конечно, — проговорила мама, разливая чай по чашкам, — но мне показалось, что вы зря так настраиваете Дракошу. Ведь он теперь каждый день будет ждать...

— И хорошо! — не дал ей договорить Чимурин. — Я всю жизнь ждал. И дождался!

— Не переживай, — улыбнулся папа. — Афанасий Никитич совершенно прав. Дракоша дождётся!

Сергей Викторович оказался провидцем. Через несколько дней в квартире Дружининых произошло чудо.

— Мама! Папа! Вставайте! — в шесть утра ворвался Дракоша в детскую.

Паша посмотрел на будильник и повернулся к стенке:

— Ещё рано!

— Вставайте! — Дракоша начал стаскивать одеяла с Паши и Маши. — У меня выросло!

— Что выросло? — зевнула Маша.

— Всё!

И действительно, на лоджии, на Дракошиных грядках, вовсю зеленели маленькие деревца. На одном из них росло несколько булочек. На другом — колбаса. На третьем — конфеты в зелёных, как листочки, обёртках... Папа, мама, Паша и Маша молча смотрели на это чудо. Наконец Маша не выдержала.

— Дракоша, можно, я попробую одну? — спросила она.

— Пожалуйста. — Дракоша сорвал конфету и протянул её Маше.

Маша осторожно развернула её и положила в рот.

— Вкусная, — улыбнулась она. — Кисленькая...

— Конечно, кисленькая. Не могла же она созреть за ночь... — серьёзно заметил папа.

— Серё... — начала было мама, но передумала.

— Ты что-то хотела сказать? — обернулся к ней папа.

— Ничего особенного, — обняла его мама. — Только то, что ты самый лучший папа!

Глава седьмая
ТРИДЦАТЬ ТРИ НЕСЧАСТЬЯ

Жанна Эдуардовна закончила раскладывать пасьянс и углубилась в изучение карт.

— Наташенька! — озабоченно сказала она. — Меня очень беспокоит вот эта пиковая дама. Она всё время стоит у вас на дороге. Кто бы это мог быть?

— Наверное, это Мариванна, — вздохнула мама. — Она постоянно сидит у подъезда.

— И ещё... — замялась Жанна Эдуардовна. — Я, конечно, не хочу вмешиваться в ваши семейные дела, но не могу молчать...

— О чём, Жанна Эдуардовна? — удивлённо спросила мама.

— Мне очень неприятно об этом говорить, но я просто обязана вас предупредить, — собралась с духом Жанна Эдуардовна и выпалила: — Завтра вашего мужа ждёт долгая дорога в казённый дом!

— Да вы просто волшебница! — засмеялась мама. — Действительно, Серёжа как раз завтра собирался поехать на работу.

И тут на кухню зашёл папа, которого завтра ожидала «долгая дорога в казённый дом». Увидев разложенные на столе карты, он радостно потёр руки:

— Что, в картишки балуетесь? Может, и мне с вами в «дурачка» сгонять?

— Нет, Жанна Эдуардовна гадала мне на картах, — объяснила мама. — И ты знаешь, всё сходится.

— Жанна Эдуардовна, а на кофейной гуще вы, случайно, не гадаете? — поинтересовался папа, наливая себе кофе.

— Гадала, — сказала Жанна Эдуардовна. — Но, к сожалению, пришлось бросить.

— Почему? — спросила мама.

— По состоянию здоровья, — вздохнула Жанна Эдуардовна и, увидев недоуменные взгляды мамы и папы, объяснила. — От знакомых просто отбоя не было. В день приходилось по двадцать чашек кофе выпивать.

— Двадцать чашек — это серьёзно... — покачал головой папа.

— Вот и врач мне то же самое сказал, — кивнула Жанна Эдуардовна. — А карты — вещь безвредная. Да, чуть не забыла. Будьте очень осторожны. Завтра крайне неблагоприятный день.

— Почему? — удивилась мама.

— По всем астрологическим прогнозам! Плюс к этому магнитная буря, вспышки на солнце и полнолуние одновременно.

— Одновременно? — улыбаясь, переспросил папа.

— Зря смеётесь, — нахмурилась Жанна Эдуардовна, прощаясь. — Со звёздами не шутят.

— Да я и не шучу! — пожал плечами папа. — Со звёздами...

— Забыла сказать самое главное: Марс будет в доме Юпитера!

— Спасибо за предупреждение! — поблагодарила мама.

Жанна Эдуардовна ушла.

— Марс в доме Юпитера... — хмыкнул папа. — По-моему, на этих гороскопах и гаданиях все с ума посходили.

— Серёжа, не будь так категоричен. Что-то в этом всё-таки есть.

— Не знаю, кто там будет в доме Юпитера... — строго сказал папа. — А у нас в доме всё будет в порядке!

Будильник не зазвонил ровно в семь. А в восемь в детскую заглянул Дракоша и спросил:

— Мама, папа, а вы сегодня в школу не идёте?

— Пашка, мы проспали! — ахнула Маша, посмотрев на будильник.

Наверное, в армии по команде «Тревога!» одеваются быстрее. Но ненамного. Просто сапоги надевать гораздо удобнее, чем кроссовки: на них нет шнурков.

Паша и Маша помчались в ванную, а через секунду вылетели обратно — в зубной пасте и пене.

— Фафа!

— Не фефёт!

— Странно, — пожала плечами мама. — Только что текла. Налейте из чайника.

Папа стоял около плиты и, насвистывая, варил кофе.

— Слушай, а что сегодня с детьми? — не оборачиваясь, спросил он. — Какая муха их укусила?

— Будильник не сработал. Так что, может быть, Жанна Эдуардовна была не так уж и не права.

— Тоже мне неприятность — будильник не сработал! Да я в детстве был чемпионом школы по опозданиям! Только детям не говори. Это моя самая страшная тайна...

— Это ещё не всё! Ты знаешь, что у нас воду отключили?

— Не страшно. На чашку кофе хватило. И хорошо!

— Серёжа, кофе!..

Но кофе с шипением перелился через край и залил плиту.

— Тьфу ты! — в сердцах воскликнул папа.

— Папа Серёжа, что случилось? — просунулась в дверь кухни голова Дракоши.

— Да у меня кофе убежал!

— Куда убежал? — спросил Дракоша.

— Откуда я знаю? — отмахнулся папа.

— Ничего! Я его сейчас догоню! — крикнул Дракоша, и его голова исчезла.

Через секунду из коридора донёсся грохот.

— Судя по звуку, это была хрустальная ваза! — прислушалась мама.

— Ладно, обойдёмся без кофе. И без вазы! — Папа обнял маму, собираясь её поцеловать.

Но мама шутливо оттолкнула его:

— Сначала побрейся! Ты колючий, как мексиканский кактус!

— Между прочим, мексиканские кактусы очень редкие и охраняются государством, — проворчал папа, но всё-таки последовал маминому совету.

Из комнаты раздалось жужжание электрической бритвы. Вскоре оно сменилось жутким завыванием, и установилась подозрительная тишина. А потом из комнаты повалил дым. А за ним появился мрачный Сергей Викторович с наполовину выбритым лицом.

— Бритва сгорела! — сообщил он.

— Не расстраивайся, — погладила его по небритой щеке мама и, осмотрев папу, весело заметила: — А знаешь, в этом даже что-то есть...

— И всё равно я в эти гороскопы не верю! — с вызовом сказал папа и попросил маму: — Наташа, ты не погладишь мне белую рубашку? У меня на работе очень важная встреча.

— Поглажу. Если, конечно, с утюгом ничего не случится...

К счастью, с утюгом ничего не случилось: он не сгорел и даже не взорвался.

— Мама Наташа, а что ты делаешь? — поинтересовался Дракоша.

— Глажу рубашку.

— А зачем?

— Вот видишь, рубашка мятая, — показала мама. — Я провожу утюгом, и она — гладкая.

— Гы! — восхищённо выдохнул Дракоша.

Через некоторое время папа разглядывал себя в зеркале:

— Эти брюки, наверное, сойдут. Только погладить надо...

Дракоша схватил утюг и помчался папе на помощь.

— Папа Серёжа, давай я тебя поглажу!..

На дикий крик папы в коридор выбежала мама.

— Ничего страшного, — сказала она. — Помажь ожог подсолнечным маслом. Поглаженные рубашка и брюки — в спальне на кровати. Я убегаю на работу, а ты постарайся дождаться водопроводчика!

Мама чмокнула папу в выбритую половину лица и ушла.

А Сергей Викторович и Дракоша так и остались стоять в коридоре, рассматривая огромную дыру в папиных брюках.

Папа нервно расхаживал по квартире, ожидая водопроводчика:

— Действительно, не день, а тридцать три несчастья!

— Почему тридцать три несчастья? — спросил Дракоша.

— Так говорят, когда случается много неприятностей одновременно, — объяснил Сергей Викторович.

Наконец раздался долгожданный звонок.

— Здравствуйте. — В прихожую вошёл маленький человечек в больших резиновых сапогах и огромной кепке. — Я Сан Саныч. Сантехник. Где тут у вас ванна?

— Вон там, — показал папа, и человечек торжественно прошествовал в ванную.

— Какая интересная фамилия — Сантехник, — высунулся из комнаты Дракоша.

— Это не фамилия, а профессия, — объяснил папа.

— Сам техник? Гы... — зачарованно протянул Дракоша.

— У кого-то засорились трубы, вот ваш дом без воды и остался, — объяснил Сан Саныч, по-хозяйски оглядывая ванную. — Теперь придётся проверять в каждой квартире. Как говорится, не проверишь трубы — накличешь беды...

Речь из Сан Саныча лилась потоком. Наверное, сказывалась специфика профессии.

— Трубы у вас никудышные! — радостно постучал он по трубам. — Как говорится, плохая труба — плохая вода. Могу вам за отдельную плату поставить новые, мозамбикские. Как говорится, в хорошей трубе — вода чище вдвойне.

— Вы сначала воду пустите, а там посмотрим, — сказал папа, нервно поглядывая на часы.

— Воду пустить — не трубу заменить, — многозначительно покачал головой Сан Саныч, снимая кран и осматривая его. — Да и краны у вас старенькие. Могу за отдельную плату поставить новые, гвинейские. Как говорится, с новым краном и новой трубой будете мыться хорошей водой!

— Боюсь, с вашей отдельной платой мы сами в трубу вылетим! — начал выходить из себя папа. — Вы нам воду дайте!

— А как же я вам её дам, когда труба где-то засорилась! — развёл руками Сан Саныч. — Сначала место засора надо определить...

— Скажите, а это долго? А то я спешу.

— Спешить — дом воды лишить! — назидательно поднял вверх палец Сан Саныч. — Трубы надо продуть. А как — это вопрос. Пойду покурю — подумаю...

Пока Сан Саныч думал, в ванную заглянул Дракоша:

— Папа Серёжа, сам техник уже сам всё сделал?

— Нет, — мрачно ответил папа. — Говорит, что трубы надо продуть.

— Продуть? Сейчас!..

Когда на рёв воды прибежал Сан Саныч, папа пытался заткнуть трубу Дракошиным хвостом. Больше под руками ничего подходящего не оказалось.

— Гляди-ка, крокодил! — оторопел Сан Саныч, а затем хлопнул себя по лбу. — Понял! Этим крокодилом вашу трубу и забило! Как говорится, о, сколько нам открытий чудных готовит тайна труб чугунных!.. Ну, вот теперь всё в порядке, — через некоторое время сказал он, закручивая кран. — Я, пожалуй, пойду...

Но что-то не давало уйти Сан Санычу. Он топтался у двери и растерянно смотрел на папу.

— Ах да, чуть не забыл! — спохватился папа и полез в карман за деньгами. — Вот, возьмите за трубы, то есть за труды.

— Как говорится, когда в кармане есть деньга — звучит победная труба, — заметно оживился Сан Саныч. — Да, кстати, вам не нужен унитаз? Большой-большой. Белый-белый. Импортный. С Берега Слоновой Кости.

— Ну уж нет! — отказался папа.

К вечеру, когда за ужином собралось всё семейство, начали подводить неутешительные итоги дня... Дети получили в школе по двойке, а Паша ещё и замечание за плохое поведение. У мамы сломался

каблук, и её не приняли работу. А когда про свои неприятности начал рассказывать папа, можно было просто заслушаться. Сначала он забыл дома ключи от дома, потом папку с бумагами, а потом ключи от машины. Ну и, в конце концов, машина, конечно же, не завелась, и Сергею Викторовичу пришлось добираться на работу своим ходом.

— Представляете, поезд простоял в тоннеле полчаса...

— Двадцать девять, — тихо пробурчал Дракоша и загнул палец.

— А потом я забыл заплатить за проезд в автобусе, и меня оштрафовали...

— Тридцать! — продолжил счёт Дракоша.

— Конечно, я опоздал...

— Тридцать один.

— А на обратном пути попал под поливальную машину...

— Как?! — испугалась мама.

— Облила с ног до головы.

— Тридцать два.

— Дракоша, что ты там считаешь? — не выдержала Маша.

— Несчастья. Будильник не зазвонил — раз. Воду отключили — два. Кофе убежал — три...

— Ну и сколько всего получилось? — заинтересовался папа.

— Тридцать два, — развёл лапами Дракоша. — А должно быть тридцать три. Одного не хватает.

— Хм, интересно, что это будет? — задумался папа. — Электричество отключат или балкон обвалится?..

— Серёжа! Ну что ты такое говоришь? — одёрнула его мама.

— Не волнуйтесь, ничего не будет, — успокоил всех Дракоша и со всего размаха бросил свою чашку на пол.

Осколки разлетелись по всей кухне. Все с удивлением уставились на Дракошу.

— Тридцать три. Всё! — закончил счёт несчастьям Дракоша.

— Молодец! — похвалил его папа. — Я бы до такого простого решения не додумался.

Зазвонил телефон. Пока мама разговаривала, все на кухне веселились и поздравляли друг друга со счастливым окончанием несчастливого дня.

— Кто звонил? — поинтересовался папа у мамы.

— Жанна Эдуардовна, — растерянно ответила мама. — Извинялась. Она перепутала. Оказывается, крайне неблагоприятный день будет завтра...

Глава Восьмая

ДЕНЬ РОЖДЕНИЯ ПАШИ, или ДЫМ КОРОМЫСЛОМ

День рождения — мероприятие ответственное. Поэтому к нему надо готовиться заранее. Папа это знал и завёл разговор с Пашей задолго до начала. За три часа.

— Между прочим, Паша, надо подумать, как подготовить твоих гостей.

— К чему? — удивился Паша.

— К знакомству с Дракошей.

— А зачем их готовить?

— Как — зачем? — в свою очередь удивился папа. — А если какая-нибудь девочка упадёт в обморок или кто-нибудь штаны намочит...

Паша захихикал.

— Что это вы тут веселитесь? — заглянула в комнату мама.

— Да так... — сказал папа. — Гостей обсуждаем. Кстати, сколько их будет?

— Макс и четыре мальчика из класса.

— А девочки будут?

— Не-а!

— Почему? — удивился папа.

— Да ну их! — пренебрежительно махнул рукой Паша. — С ними неинтересно!

— Это пока... — многозначительно сказал Сергей Викторович. — Подрастёшь, знаешь, как интересно будет!

— Серёжа... — укоризненно покачала головой мама.

— А что? За косички дёргать будет. Портфели носить. Записки писать...

— Кстати, ты мою записку не потерял? — напомнила ему мама.

— Какую? Это в которой что купить? — похлопал себя папа по карманам и растерянно огляделся по сторонам. — Интересно, где бы она могла быть?

— А это что? — указала мама на лежащий на ковре самолётик.

— Это? Это я учил Пашу дальнолётную авиацию делать, — объяснил папа и, подняв самолётик, увидел, что на нём что-то написано. — Ой, так вот же она — записка! «Торт... пять килограмм...» — прочитал папа надпись на крыле и присвистнул: — Ничего себе тортик!..

— Серёжа, читай внимательней!

Папа развернул самолёт и прочитал:

— «Торт. Пять килограмм фруктов»... Ах, фруктов! Ну ладно, тогда я пошёл...

Когда папа вернулся с тортом и фруктами, гости уже начали собираться.

Первыми пришли Макс с Жанной Эдуардовной. И Макс уже успел тайком от всех вручить Паше свой подарок.

— Вот, держи! — Макс всунул в руку Паше что-то завёрнутое в газету.

— Что это? — спросил Паша, разворачивая газету и рассматривая странный предмет.

— ПДМ-ПП! — оглянувшись по сторонам, шёпотом произнёс Макс.

— Чего?!

— ПДМ-ПП. Портативная дымовая машина Пал Палыча, — перевёл Макс. — Он её для огорода изобрёл — растения дымом обогревать.

— А мне что с ней делать?

— Да всё, что хочешь! Я одну такую в школе испробовал. Так учителя потом полдня свои классы искали!

— А как она действует? — заинтересовался Паша.

— Элементарно. Дёрнешь за верёвочку, и...

Но тут пришли очередные гости, и дальнейшие объяснения были отложены вместе с подарком в сторону.

Когда все гости собрались и познакомились с Машей и Максом, Паша, немного волнуясь, сказал:

— А теперь я хочу вас познакомить с моим... э-э...

— Почему это с твоим?! — возмутилась Маша. — С нашим.

— Ну, ладно, с нашим, — согласился Паша и, вспомнив папины наставления, предупредил гостей: — Только вы не пугайтесь.

— Он очень хороший, добрый... — начала перечислять Маша.

— И умный! — добавил Паша.

— Гы! Это про меня? — скромно потупив голову, бочком протиснулся в дверь Дракоша. — Дракоша! — подошёл Дракоша к одному из гостей и с чувством пожал ему руку.

— Ки-кирилл, — слегка заикаясь, представился гость и храбро пожал Дракошину лапу.

Дальше дело пошло веселее, и уже через несколько минут гости, окружив Пашу, Машу, Макса и Дракошу, расспрашивали, откуда взялся Дракоша, что он ест, как он научился разговаривать, где... В общем, расспросы, наверное, продолжались бы до ночи, если бы мама с папой не принесли большой торт с зажжёнными свечками.

Все быстро уселись за стол.

— Давай, Пашка, дуй!

— Воздуху побольше набери!

— Чтобы все свечки задуть!

— Мам, — подёргал Машу за рукав Дракоша, — а зачем нужно все свечки задуть?

— Чтобы все желания исполнились, — ответила Маша.

— Гы? — удивился Дракоша и посмотрел на Пашу.

Паша набирал воздух:

— Раз, два, три...

Вряд ли стоит осуждать Дракошу: он хотел, чтобы все Пашины желания обязательно исполнились...

Когда Дракоша дунул, торта на столе не оказалось. Он моментально переместился на лица и одежду гостей. Больше всех досталось имениннику.

— Ну спасибо, Дракоша, — сказал он, протирая заляпанные кремом глаза.

— Пожалуйста, — растерянно сказал Дракоша. — Теперь все твои желания сбудутся, папа.

Раздалось чьё-то негромкое хихиканье, а потом дружный смех.

Мама и Жанна Эдуардовна бросились в ванную, открыли самый большой пакет стирального порошка и приготовились к массовому застирыванию детей.

Первым был вымыт и переодет именинник.

— Ребята, все по очереди в ванную... — начала мама, заходя в большую комнату, и осеклась.

Чистые и аккуратные дети как ни в чём не бывало сидели за столом. Стоял лишь один Дракоша. Он как раз долизывал с Маши остатки крема:

— Вкусно!

— Что ж, я рада, — улыбнулась мама.

Чтобы не мешать детям веселиться дальше, папа, мама и Жанна Эдуардовна устроились на кухне.

Через некоторое время в дверь просунулась голова Паши:

— Пап, а можно, мы на компьютере поиграем? Мне такую классную «стрелялку-бродилку» подарили!

— Желание именинника — закон!

Пашина голова тут же скрылась, и вскоре из комнаты раздались крики:

— Стой, ты не туда идёшь! Сюда надо!..

— Я лучше знаю, куда надо!..

— Прыгай, прыгай!

— Куда ты, ползи!..

— Стреляй!

— Мимо!

— Не толкайся!..

— Сам не толкайся!..

— Ты что делаешь?!

— А-а-а!..

— Хм... — сказал папа, — какая-то у них уж очень активная компьютерная игра попалась!

— Да ладно, Серёжа. Сегодня же день рождения. Пусть играют. Давайте лучше пить чай...

Но попить чай им снова не дали. На этот раз на кухню просунулась голова Дракоши.

— Папа Серёжа! — взволнованно сказал он. — Папа просил сказать, что у них компьютер завис!

— Ничего страшного, — успокоил его Сергей Викторович. — Скажи Паше, пусть одновременно нажмёт кнопки «Alt», «Ctrl» и «Delete».

Дракоша кивнул и исчез. Но очень скоро появился снова.

— Папа Серёжа! У них ничего не получается...

— Ну что тут тяжёлого? — удивился папа.

— Компьютер. Они его еле держат...

Каким образом компьютер оказался за окном, никто папе так объяснить и не смог. Слава богу, провод оказался прочным. Общими усилиями компьютер был втащен в комнату и водворён на своё законное место. Так как обошлось без жертв и разрушений, папа не стал ругаться, а предложил игрокам временно заняться чем-нибудь менее интеллектуальным.

— Ну как, справились с компьютером? — поинтересовалась Жанна Эдуардовна, когда папа, тяжело дыша, вернулся на кухню.

— Справились.

— Вообще-то, мне кажется, игры на компьютере — не слишком полезная вещь. Детям нужно побольше двигаться...

— Именно это я им и посоветовал, — согласился папа. — Пусть лучше танцуют...

Правда, с точки зрения Мариванны, вряд ли это было лучше. А уж когда дети начали палить из хлопушек, рука соседки привычным движением потянулась к телефону...

Из-за шума звонок в дверь папа расслышал не сразу. Открыв дверь, он увидел за ней участкового Помидорова.

— А в чём собственно дело? — удивился папа.

— Поступил сигнал, что у вас в квартире стреляли!

— У нас?.. В квартире?.. Стреляли?..

И тут на кухне раздался выстрел. Помидоров на всякий случай пригнулся и схватился за кобуру.

— Ха-ха-ха!.. — донёсся с кухни гнусный смех. — Пистолет тебе не поможет!

— Почему это не поможет?! — крикнул Помидоров и снял пистолет с предохранителя.

— А я его разрядил. Ха-ха-ха!.. — продолжал издеваться голос.

— А я всегда ношу с собой запасную обойму! Вот здесь! — схватился Помидоров за фуражку. — Ха-ха-ха!

— Не стоит тратить на этого мерзавца пулю... — остановил его другой голос из кухни. — С него будет достаточно и этого...

Раздался звук сильного удара. Потом громкий треск.

— Уй-ё-ё-ё!.. — завопил гнусный голос. — Ты что — дурак?! Больно же!..

Помидоров, как его учили в школе милиции, по-пластунски дополз до кухни и осторожно заглянул внутрь...

— Что ж вы сразу-то не сказали?.. — обратился он к папе, поднимаясь с пола и отряхиваясь.

— Что не сказал? — удивлённо спросил папа.

— Что это идёт мой любимый сериал о борьбе правоохранительных органов с организованной преступностью!

— Да я думал...

— А чего тут думать?! — удивился Помидоров. — Смотреть надо! Так сказать, в порядке обмена опытом и повышения квалификации. А звук всё-таки сделайте потише, — добавил он, направляясь к выходу. — Чтобы соседи не волновались.

У детей «дым стоял коромыслом». То есть на самом деле, конечно, никакого дыма там не было. Просто так говорят, когда хотят сказать, что веселье было в полном разгаре.

— Минуточку внимания! — громко сказал папа. — Убедительная просьба больше не стрелять из хлопушек.

— А у нас стрелять больше нечем! — закричали дети. — Все хлопушки кончились!

— Жалко, — вздохнул папа. — Я бы сам с удовольствием бабахнул напоследок!

И тут взгляд его упал на ПДМ-ПП.

— А это что?! Зажилить хотели! — радостно крикнул папа, схватил портативную дымовую машину Пал Палыча и дёрнул за шнурок.

Хоть дымовая машина и называлась портативной, но дыма давала как самая-самая большая. И теперь дым коромыслом стоял во всей квартире, причём в самом прямом смысле этого слова.

Увидеть что-нибудь в таком дыму было просто невозможно. Поэтому все временно потерялись.

— Жанна Эдуардовна! Вы здесь?! — кашляя и разгребая дым руками, спросила мама.

Неожиданно из дыма вынырнула страшная морда с огромными глазами.

— Ой!.. — вскрикнула мама и попятилась.

— Не волнуйтесь, Наташенька, со мной всё в порядке! — пробубнила морда. — Сейчас я открою окно.

И исчезла в дыму.

Дым начал потихоньку рассеиваться, и мама увидела Жанну Эдуардовну, снимавшую противогаз у открытого окна.

— Свадебный подарок моего первого мужа, — пояснила та. — Он был военным. С тех пор я всегда ношу его в своей сумочке. На всякий случай. Мало ли что: пожар, террористы, день рождения, наконец.

— О-о!.. Сколько лет, сколько зим!..

В окне, в клубах дыма гордо возвышались майор Долгопрудный и Угольков со своим брандспойтом.

— По какому поводу дым коромыслом? — поинтересовался Долгопрудный, перекидывая ногу через подоконник.

— Тушить?! — радостно спросил Угольков.

— Отставить! — приказал Долгопрудный и, втянув носом воздух, спросил: — День рождения сына справляете?

— Как вы догадались? — поразились мама и Жанна Эдуардовна.

— Профессиональное чутьё! — расправил усы майор.

— Да вы присаживайтесь! — спохватилась мама и сделала приглашающий жест к столу.

— А как вы здесь оказались? — спросила Жанна Эдуардовна.

— Приехали на курсы повышения квалификации, — объяснил майор. — Уже повысили до пятого этажа!.. Положите мне ещё этого салату!

А в большой комнате дети упрашивали папу дать им ещё немного потанцевать.

— Пап! Ну пожалуйста! Ну ещё полчасика!

— Ладно, так и быть! — махнул рукой Сергей Викторович. — Тушите свет!..

— Тушить? — откуда ни возьмись, в дверях возник Угольков со своим брандспойтом и, не дожидаясь ответа, включил воду.

Праздник подходил к концу. Высохшие гости толкались в прихожей, прощаясь с именинником:

— Классный день рождения!

— Я у себя такой же устрою.

— Эх, Дракоша, жаль, что ты в футбол не играешь! А то бы мы с тобой погоняли...

— Почему это не играет? — возмутился Паша.

— Да! — подхватила Маша. — Дракоша, покажи им свой удар хвостом!

— Гы?

Макс, оценив ситуацию, быстро выскочил из прихожей. И правильно сделал. Через секунду оттуда раздался жуткий грохот.

Когда из кухни прибежали взрослые, на полу лежали все гости, включая Пашу и Машу.

— Прекрасно, — заметил Сергей Викторович. — Полы в большой комнате уже вымыты, а теперь и прихожую можно не пылесосить!

Глава девятая

НЕРАЗЛУЧНИКИ

Осень — самое грустное время года. Не зря же осенью многие птицы улетают на юг, а некоторые животные впадают в спячку. В спячку Дракоша впадать не захотел, а летать до сих пор не научился. Он просто загрустил...

Дракоша сидел у окна и, подперев голову лапой, смотрел на осенний пейзаж.

— Привет, как дела? — влетела в комнату Маша.

— Никак, — не оборачиваясь, пожал плечами Дракоша.

— Ты не заболел? — подозрительно поглядела на него Маша.

— Нет.

— А что случилось?

— Все улетают, — вздохнул Дракоша.

— Кто улетает? — не поняла Маша.

— Птицы улетают, — сказал Дракоша и для наглядности помахал лапами.

— Конечно улетают. Они зимой могут замёрзнуть. Вот и летят на юг.

— А листья тоже на юг летят?

— Не знаю, — честно призналась Маша.

— Все улетают, — грустно заключил Дракоша. — Я один дома сижу.

— Как же один? — возмутилась Маша. — И я дома. И Паша сейчас придёт...

Но Дракоша её уже не слушал. Он снова уставился в окошко.

— Привет! Как дела? — спросил Паша, швыряя рюкзак в комнату.

— Я уже говорил маме, — пробурчал Дракоша. — Никак. Все улетают. Птицы. Листья. Один я тут сижу.

— А чего ты сидишь? — запрыгнул Паша в кресло и включил телевизор. — Сейчас по телику футбол идёт. Может, твой любимый «Спартак» играет...

— Не играет, — вздохнул Дракоша. — Он тоже улетел...

— Куда улетел? — опешил Паша.

— Я хотел сказать — вылетел, — поправился Дракоша. — Из кубка.

Надо было что-то делать. Поэтому поговорить с Дракошей решил папа.

— Дракоша! — откашлявшись, сказал он. — Мы, конечно, не всегда бываем дома. Но у тебя есть телевизор, магнитофон, растения на огороде. Ты же их любишь?

— Люблю, — согласился Дракоша. — Но с ними не поговоришь.

Он повернулся и снова направился к своему окошку.

— Вот и поговорили! — развёл руками папа. — Что делать будем?

— Я думаю, ничего, — тихо сказала мама. — У каждого может быть плохое настроение...

Трудно сказать, сколько бы это продолжалось, но тут раздался звонок.

В дверях стоял Коновалов с двумя объёмистыми предметами в руках.

— Здравствуйте, — поздоровался папа. — Какими судьбами, Лев э-э-э... Павлинович?

— Я к вам по делу, — сказал Коновалов. — Точнее, за консультацией.

— К нам?! — поразился папа.

— Точнее, даже не к вам, а к Дракоше.

— К Дракоше?! — теперь уже поразилась вышедшая в коридор мама.

— Видите ли, Клавдия Ивановна говорила, что он в её огороде с козлом разговаривал...

— Разговаривал! — в один голос подтвердили выглянувшие в коридор Паша и Маша.

— Значит, он понимает язык других животных. Вот я и хочу, чтобы он кое с кем поговорил!

— А у вас там что? — подозрительно посмотрел папа на накрытые покрывалами предметы. — Козлы?

— Нет, — вздохнул Коновалов. — Здесь случай гораздо серьёзнее...

Гораздо более серьёзным случаем оказался огромный красивый кот, свернувшийся в клетке.

— Ой, какой симпатичный! — воскликнула Маша. — А как его зовут?

— Кузьма.

— Хороший кот, — поглядела на Кузьму мама. — Только что ж вы его в клетку-то запихнули?

— В том-то и дело, что никто его туда не запихивал! Сам залез и вылезать отказывается. Хозяйка говорит: ничего не пожалею, только вытащите его оттуда! Я уж его и травками, и заговорами, и гипнозом. Ничего не помогает!

— А рыбкой не пробовали? — поинтересовался папа.

— Вам бы всё шутки шутить, Сергей Викторович. А у меня профессиональная репутация пострадать может!

— А там у вас кто? — спросил Паша, показывая на второй предмет. — Тоже кот?

— Да нет... — поморщился Коновалов. — Это попугай.

— Ой, покажите, пожалуйста! — закричала Маша.

— Не стоит, — покачал головой Коновалов.

— Почему? — удивилась мама.

— Ну, он... как бы это выразиться, — слегка замялся Коновалов. — Выражается...

Из-под покрывала тут же раздалось приглушённое:

— Дуррак!

— Ну, вот видите. Уж на что хозяйка любит животных, а и она не выдержала. Отдайте его, говорит, кому угодно...

— Дурра! — донеслось из-под покрывала.

Коновалов снял покрывало и укоризненно сказал сидящему в клетке попугаю:

— Мартин, сколько раз тебя просили...

— Крретины!

— Сколько я с ним ни бился, безнадёжный случай, — снова накрыл клетку покрывалом Коновалов.

— И вы хотите, чтобы Дракоша его перевоспитал? — спросила Маша.

— Нет, я хочу, чтобы Дракоша поговорил с котом, — сказал Коновалов.

— Вот только не знаю, согласится ли он? — пожал плечами папа. — У него сегодня плохое настроение...

Но Дракоша согласился. Он сел напротив клетки с котом и спросил у него:

— Гы?

В ответ кот разразился жалобным мяуканьем. Дракоша внимательно слушал, время от времени кивая и говоря:

— Гы...

Наконец кот закончил, и Дракоша перевёл его мяуканье:

— Кузьма говорит, что он очень любит птичек... А они его нет. Он так хотел подружиться с Мартином, но тот ни за что ни про что набросился на него и жестоко исклевал. Да ещё пригрозил, что если увидит его в комнате, то вообще разорвёт на мелкие кусочки. Поэтому он и забрался в клетку...

— Бедный котик... — чуть не заплакала Маша.

«Мяу», — жалобно мяукнул Кузьма, подтверждая её слова.

— Вррёт! Вррёт Кузьма! Всё вррёт! — неожиданно раздался истошный крик из клетки с попугаем.

Дракоша с удивлением посмотрел на накрытую клетку и снял с неё покрывало.

— Гы? — переспросил он попугая.

Тот в ответ разразился оживлённым свистом и прищёлкиваниями.

— Дракош, ну чего он говорит? — нетерпеливо толкнул Паша Дракошу.

— Это не он, а она, — объяснил Дракоша.

— Как? Мартин — это она? А хозяйка говорила... — начал Коновалов, но его прервал возмущённый возглас попугаихи:

— Дурра!..

— Марта, помолчи немного, пожалуйста, — поморщился Дракоша и продолжил: — Она говорит, что их было двое. Кот открыл клетку и хотел съесть её друга. Но тот улетел. А когда кот хотел съесть Марту, она так его клюнула, что он от испуга забрался в клетку и теперь боится вылезать...

— Молодец Марта! — сказал папа.

— Так ему и надо! — поддержали его Паша с Машей.

— Спасибо, Дракоша! — торжественно пожал Коновалов лапу Дракоше. — Диагноз ясен: кот практически здоров.

— А что вы собираетесь делать с Мартой? — спросил его Дракоша.

— Ну, отдам в школу, в живой уголок... Пусть там руга... Нет, в живой уголок нельзя. Лучше отнесу в...

— А можно оставить её у нас? — робко поинтересовался Дракоша.

— Если родители не возражают... — развёл руками Коновалов.

— Ну... — переглянулись папа с мамой и Паша с Машей.

— А я научу её хорошим словам! — выпалил Дракоша, с надеждой глядя на них.

— Дрракоша!.. — неожиданно послышалось из клетки с попугаихой.

И вопрос решился сам собой.

Может быть, Дракоша был и не прочь погрустить минутку-другую, но теперь времени у него на это не оставалось: он занимался с Мартой.

— Ну, и как успехи у Марты? — через несколько дней поинтересовался Сергей Викторович у детей.

— Она всё понимает! — сообщила ему Маша. — И уже разговаривает!

— А вчера Дракоша учил её читать, — добавил Паша.

«Конечно же, дети шутят», — подумал папа, но на всякий случай решил заглянуть на лоджию.

— Здрравствуй, папа Серрёжа! — увидев его, обрадовалась Марта. — Как рработа?

— Спасибо, хорошо, — растерялся Сергей Викторович. — А... а у вас как?

— Вот. — Дракоша с гордостью протянул папе вырванный из тетради листок.

На листке криво и коряво большими буквами было написано: «ДРРАКОША».

— Кто это так пишет? — спросил папа. — Прямо как курица лапой.

— Маррта — не куррица! Маррта — умная птица! — не согласилась с ним Марта.

— Вижу... — Папа вертел в руках листок с каракулями. — Марта — очень умная птица.

— Гы!.. — согласилась с ним Марта.

— Наташа! Ты знаешь, что Марта научилась писать! — ворвался на кухню папа. — Кто бы мог подумать?!

— Это ещё что, — улыбнулась мама. — Вчера Марта, в отличие от некоторых, заметила и похвалила мою новую причёску.

— Да? Очень умная птица.

— Но главное, что Дракоша перестал грустить, — заметила мама. — Мне даже иногда кажется, что он испытывает к ней родительские чувства...

Но радость Дракоши продлилась недолго. В один непрекрасный день Марта попросилась полетать по комнате, чтобы размять крылья, и вылетела в открытую форточку. Её ждали весь день, но она не вернулась.

На следующий день Паша и Маша обвешали все столбы объявлениями о пропаже. Мама дала объявления в газеты. Дракоша с подзорной трубой не отходил от окошка, наблюдая за пролетающими птицами. Но всё безрезультатно.

В разгар поисков мама подошла к папе, как всегда сидящему за компьютером:

— Серёжа, ты извини, конечно, но у меня ощущение, что тебя, кроме твоего компьютера, ничего не волнует. Мы уже все с ног сбились, а ты...

— А я чем, по-твоему, занимаюсь? — не отрываясь от компьютера, ответил папа. — Я уже Интернет объявлениями загрузил. Даже в Интерпол послал...

— И что?..

— Интерпол ответил, что преступница с такими приметами не обнаружена. И вообще мы всё делаем неправильно!

— Почему это?! — удивилась мама.

— Потому что сначала надо выработать план действий, а уже потом его выполнять! Собирай всех на кухне...

Через несколько минут на кухне был собран «военный совет» для выработки плана действий. «Совет» открыл папа:

— Давайте рассуждать логически. Что мы знаем о Марте?

— Что она красивая и умная! — выпалил Дракоша.

— Это правильно, но ничего не даёт. Кроме того, что её могли подобрать и оставить у себя. Но эту версию мы пока не рассматриваем.

— Она жила у хозяйки с котом! — подала голос Маша.

— Версия вторая. Марта вернулась...

— Не годится. Я звонила хозяйке, — сообщила мама. — Марта не возвращалась.

— Кстати, хозяйка не говорила, откуда она её взяла?

— Ей какой-то знакомый привёз из Африки.

— А может, она решила вернуться на родину? — спросил Паша.

— Это довольно правдоподобная версия. Если бы не два обстоятельства. Во-первых, неблагоприятные для перелёта погодные условия. И второе — почему она никому не сказала об этом?

— Да, — с обидой произнёс Дракоша. — Ведь я... то есть мы все её очень любили.

— В этом есть какая-то тайна, — задумчиво проговорила мама.

— И эту тайну мы должны разгадать! Что мы ещё о ней знаем? — продолжил папа.

— Что она из породы неразлучников, — сказал Паша. — Я в энциклопедии читал...

— И что там ещё написано? — заинтересовался папа.

— Что попугаи-неразлучники всегда живут парами, и если один из них...

— Стоп-стоп-стоп! — прервал его папа. — Помните, она рассказывала о втором попугае, который улетел? Так, может...

— Она решила его найти! — догадалась Маша.

— Вот это уже похоже на правду.

— А почему же она никому ничего не сказала? — удивился Дракоша.

— Понятно почему. Она же женщина, — объяснил папа.

— Прравильно! — раздалось вдруг из форточки. — Здрравствуй, Дрракоша! Прривет, Паша и Маша! Папа Серёжа! Как рработа? Мама Наташа! У тебя новые серрёжки! Крраcиво!

— По-моему, у меня от радости в глазах двоится! — сказала мама, поднимая взгляд к форточке.

— Нет, не двоится! — успокоила её Марта, слетая на стол. — Знакомьтесь. Это мой дрруг — Марртин!

Вечером Марта с Мартином сидели в клетке, щёлкали семечки и о чём-то оживлённо говорили на своём птичьем языке.

— Интересно, о чём они разговаривают? — прислушался к ним папа.

— Они говорят, что семечки очень вкусные, но им всё равно хочется на родину, — перевёл Дракоша и добавил: — Папа Серёжа, они очень скучают...

— А где их родина?

— В Маррокко! — еле выговорила Марта с набитым клювом.

— Давай поможем им вернуться на Родину... — потянул папу за рукав Дракоша.

— С этими попугаями сплошное Марокко. То их ищи, то на родину отправляй.

— Дракоша, а тебе не жалко будет расстаться с Мартой? — спросила мама.

— Жалко, — вздохнул Дракоша. — Но там ей будет лучше.

— Какие будут предложения? — посмотрела мама на папу.

— Я бы, конечно, слетал, — задумался папа. — Но у меня отпуск только следующим летом...

Все задумались. Тишину прервал голос телевизионного диктора:

«Итак, самая большая новость последнего часа! Буквально через час самолёт «Руслан» с гигантской репой на борту поднимется в воздух, чтобы затем приземлиться в Марокко. Вместе с репой на всемирную выставку «Селекция и мир» летит и вырастивший её селекционер Афанасий Никитич Чимурин...»

— Через сколько, он сказал, самолёт? — встрепенулся папа.

— «Буквально через час», — повторила мама слова диктора и покачала головой. — Не успеешь.

— Спорим, успею! — крикнул папа и, подхватив Марту с Мартином, выскочил за дверь.

Вернулся папа усталый, но довольный.

— Успел! — только и смог сказать он.

— Какой ты у меня молодец! — обняла его мама и вздохнула. — А всё-таки жаль, что мы с ними больше не увидимся.

— Гы... — тоже вздохнул Дракоша.

Вслед за ним вздохнули и Паша с Машей.

— Почему не увидимся? — весело подмигнул папа. — Перед отлётом Марта сказала, что, как только они там устроятся, они с Мартином пришлют нам приглашение.

Глава десятая
ЛУЧШАЯ В МИРЕ ЁЛКА

Зима в этом году задерживалась. Как говорил Сергей Викторович: «Всё меняется. Климат тоже».

Стояло начало декабря. А снега всё не было. И вот однажды утром Дружининых разбудил радостный крик Дракоши:

— Папа, мама! Лето наступило!

Паша сел в кровати и спросонья помотал головой:

— Какое лето?

— Посмотри, папа, одуванчики летят!

За окном кружились первые снежинки.

— Это не одуванчики! — сказала Маша, прижавшись носом к оконному стеклу.

— Значит, тополиный пух?

— Это снег.

Дракоша, конечно, слышал про снег. Но одно дело — слышать, а другое — видеть своими глазами. Паша сгрёб с подоконника пригоршню снега и протянул Дракоше. Дракоша понюхал, лизнул снег и разочарованно сказал:

— Вода!

Так началась зима. А с ней возникло множество проблем. Наталью Юрьевну заботило, как бы Дракоша не переохладился во время вечерних прогулок по парку. Старое пальто и шапка Сергея Викторовича вполне подошли Дракоше и даже закрывали ему хвост. Шарфов в доме тоже было вполне предостаточно. А вот с обувью дело обстояло плохо.

Папа рулеткой измерил ступню дракончика и почесал затылок:

— Пятьдесят один!

Мама и Маша объехали все специализированные магазины: и «Три толстяка», и «Три богатыря», и даже «Гулливер». Но ни ботинок, ни валенок такого размера там не оказалось.

Впрочем, как говорил Сергей Викторович, голь на выдумку хитра. У одного из своих знакомых папа взял старые болотные сапоги, мама связала два огромных шерстяных носка — и получились вполне приличные боты.

После первой пробной прогулки пальто спереди пришлось обрезать — Дракоша путался в полах и падал. А в остальном всё было в порядке. Зимняя форма одежды даже упростила многие сложности. Раньше Дружинины выходили в парк, только когда там не было прохожих, а теперь Дракоша вполне сходил за толстого укутанного ребёнка. Только однажды пожилая наблюдательная дама сделала Сергею Викторовичу замечание:

— Папаня! Ребёнок-то у вас позеленел!

Как-то во время прогулки Дракоша подбежал к Паше и испуганно прошептал:

— Папа! Там человек замёрз!

— Где? — вздрогнул Паша.

— Там, за деревом. Он весь белый. Холодный. И не двигается... Только нос у него красный.

Паша осторожно выглянул из-за дерева и засмеялся:

— Это же снеговик.

Дракоша недоверчиво потрогал снежную фигуру, вытащил морковку, сунул её в рот и радостно воскликнул:

— Гы!

Теперь любимым занятием Дракоши стало лепить снежные фигуры.

— Это — мама Наташа, это — папа Серёжа, это...

— Э-э, а почему у меня нос такой длинный? — возмутился Сергей Викторович.

— Чтобы очки не спадали, — объяснил Дракоша и нацепил на морковку солнцезащитные очки.

Мама брала на прогулки краски, и у снеговиков получались разноцветные костюмы, а у снежных баб — платья. Однажды Дракоша не нашёл снеговиков на месте и очень расстроился:

— Они растаяли?

— Нет, — сказала Наталья Юрьевна. — Ночью они ушли на Север, в страну снеговиков.

В этот день мама вылепила большого белого дракона.

— Если это Дракоша, то его нужно покрасить зелёным, — предложила Маша.

— Не надо. Это — Снегозавр. Он живёт на Северном полюсе, среди вечных снегов. Поэтому его никто никогда не видел. И завтра он уйдёт к себе на Север.

— Гы! — довольно кивнул Дракоша.

— Мама, зачем ты обманываешь его? — спросил Паша.

— Просто приятно, что хоть кто-то ещё верит в сказку.

Приближался Новый год.

— Деда Мороза будем звать? — спросила мама.

— Глупости какие-то, — поморщился Сергей Викторович. — Дети уже выросли. Они не только в Деда Мороза, но и в инопланетян не верят.

— Дракоша — маленький, ему наверняка понравится.

— Ему-то понравится, а если Дедушка Мороз хлопнется в обморок вместе со Снегурочкой?! У меня другая идея. Возьмём костюм напрокат, и я сам выряжусь Дедом Морозом.

— А ёлку тоже возьмём напрокат?

— Нет, — торжественно пообещал Сергей Викторович. — Ёлка будет настоящая. Обещаю.

Но перед Новым годом на Сергея Викторовича обрушилось столько работы, что он никак не мог выбраться на ёлочный базар.

— Не волнуйся, — успокоил он маму. — Возьмём тридцать первого, и цены будут поменьше, и ёлка простоит подольше.

Тридцать первое декабря — самый суматошный день в году. С утра папу срочно вызвали на работу. Потом с вокзала позвонил дальний родственник, он был проездом в Москве и просил передать посылку для другого дальнего родственника, который будет проездом через неделю. Потом у папы не завелась машина, потому что был сильный мороз. И на продуктовый рынок ему пришлось добираться пешком.

Одним словом, вместо обещанных шести, папа вернулся в полдесятого, весь красный и обвешанный сумками и тюками, как десять Дедов Морозов.

— Ну, слава богу, — вздохнула мама. Она так обрадовалась, что даже не стала ругаться.

— А где же ёлка? — спросила Маша.

Папа начал растерянно озираться, затем виновато развёл руками и снова нахлобучил шапку:

— Сейчас пойду. Рынок работает до одиннадцати.

— Ну уж нет! — Мама решительно загородила ему дорогу. — Новый год будем праздновать вместе. Ты мне дороже, чем ёлка.

— Мама! А давай мы с папой быстренько сбегаем в наш парк. Там полно молоденьких ёлочек, — предложил Паша.

— Нет, — покачала головой мама. — Если каждый будет рубить ёлки, то в городе деревьев не останется. Будем праздновать экологический Новый год!

Дети погрустнели. Один Дракоша не унывал: его больше волновало, придёт Дед Мороз или нет и какие подарки принесёт. Кроме того, мама сказала, что Дед Мороз может исполнить любое желание, только ему надо написать открытку. Дракоша уже с утра ходил со своей открыткой, чтобы вручить её лично.

Наконец семья уселась за новогодний стол. Мама наготовила кучу вкусных вещей. И все набросились на еду, как будто не ели целый год.

Потом по телевизору начался новогодний концерт, и Сергей Викторович незаметно вышел. Через пять минут раздался звонок.

В дверь вошёл Дед Мороз — в красном, расшитом серебром халате, с большим мешком за плечами, с седой бородой и почему-то в папиных тапочках.

— Здравствуйте! — пробасил он. — Поздравляю вас с Новым годом. Желаю счастья, здоровья и исполнения всех желаний! Есть у вас заветные желания?

— Есть! Есть! — Дракоша первым протянул свою открытку.

Дед Мороз взял у детей открытки, подмигнул маме и стащил с плеч мешок:

— А сейчас всем хорошим детям и взрослым — подарки. Маше — часы, чтобы не опаздывала в школу, Паше – набор компьютерных игр, а Дракоше — плеер. Ты ведь любишь слушать музыку?

— Гы! — кивнул Дракоша, разглядывая глянцевую коробку с наушниками.

— А это маме Наташе. — Дед Мороз достал набор косметики. — Чтобы она была самой красивой мамой на свете...

— Спасибо, дедушка. — Мама не удержалась и поцеловала Деда Мороза в щёку.

Дракоша ревниво посмотрел на гостя:

— А папе Серёже что?

Дед Мороз растерялся.

— А папе Серёже, — пришла ему на выручку мама, — Дед Мороз подарил новую бритву. Только он отдал её мне и попросил передать папе лично...

Пока мама бегала за подарком, Дракоша подозрительно рассматривал Деда Мороза.

— А зачем ты надел папины тапочки?.. И очки у тебя, как у папы Серёжи... А где папа Серёжа?

-- Ну, если уж драконы не верят в Деда Мороза, то дело плохо, — вздохнул Сергей Викторович и пошёл переодеваться и смывать с лица мамину помаду.

Этот обман очень огорчил Дракошу. Напрасно убеждали его, что Дед Мороз был сильно занят, а письма с пожеланиями они обязательно пошлют по почте.

— Не расстраивайся, — сказала мама. — У нас замечательный Новый год и подарки чудесные. А самое главное — все мы вместе.

— Жалко, что ёлки нету, — не удержалась Маша.

Мама строго посмотрела на неё. И тут папе в голову пришла блестящая, как серпантин, идея.

— Ерунда! У нас будет лучшая в мире живая ёлка.

— Правда? — обрадовался Дракоша. — А где мы её возьмём?

— Вот она, — сказал Сергей Викторович и хлопнул Дракошу по плечу. — Постарайся стоять на месте и не шевелиться.

Дети сразу же включились в игру. На Дракошу надели игрушки, осыпали серпантином, навешали конфет и мандаринов.

— Кажется, неплохо. — Мама поднесла дракончику зеркало. — Тебе нравится?

Дракоша радостно закивал. И на пол грохнулись два серебряных шара.

— Ты радуйся, но не очень, — предупредил папа.

— Гы! — кивнул Дракоша. И ещё один синий шар упал.

— Отличная ёлка. Только очень эмоциональная.

— Что же, ему теперь не шевелиться? — возмутилась мама. — Ладно, поглядели и хватит. Раздеваем Дракошу.

В этот момент раздался звонок в дверь.

— Может, это настоящий Дед Мороз? — спросила Маша.

— Вряд ли, — покачал головой папа.

Это была Мариванна. По поручению домоуправления она поздравила соседей с Новым годом, а от себя лично подарила Дружининым новый веник, чтобы они всегда поддерживали чистоту и порядок на лестничной площадке.

Увидев Дракошу, усыпанного серпантином и игрушками, соседка несколько растерялась. Но виду не подала:

— Мексиканский кактус вместо ёлки? Оригинально!

Мариванна выпила с родителями бокал шампанского и, получив в подарок коробку конфет, ушла.

Дракоша сиял во всех смыслах слова. Ему так нравилась собственная внешность, что раздеваться он категорически отказался. Он плавно расхаживал по дому, не разбив при этом ни одной игрушки. Правда, конфеты и мандарины закончились через пятнадцать минут.

Вскоре Паша и Маша задремали на диване. И папа отнёс их в комнату. А ёлка ещё долго скользила по квартире.

Перед тем как лечь, папа и мама решили посмотреть, о чём просил в Новом году Деда Мороза Дракоша.

— «Дедушка Мороз! Я хочу научиться летать и пускать изо рта огонь, как все настоящие драконы», — прочла мама и вздохнула. — Бедный Дракоша! Боюсь, что через год он перестанет верить в Деда Мороза.

— Почему? — удивился папа. — Иногда даже самые невероятные желания сбываются. И чудеса бывают. Это я тебе говорю как Дед Мороз.

Глава одиннадцатая

ПАПА ПИШЕТ КНИГУ, или ДРАКОША И «ГОЛЛИВУД»

В этот день Сергей Викторович вернулся с работы раньше обычного. Выглядел он усталым и очень расстроенным.

— Папа Серёжа, хочешь я тебе шутку расскажу, — радостно заявил Дракоша. — Лезет корова на дерево...

— Извини, Дракоша, папе Серёже сейчас не до шуток, — сказала мама.

Через некоторое время на кухню заглянули Паша и Маша.

— Пап, ты не разрешишь нам поиграть на компьютере? Полчасика, — спросил Паша, не очень-то рассчитывая на успех.

— Играйте, — равнодушно сказал Сергей Викторович. — Хоть часик. Хоть весь день.

— Что это с ним? — переглянулись брат и сестра.

— У папы неприятности, — сообщила вечером мама. — Он потерял работу.

— Где потерял? — спросил Дракоша. — Папа Серёжа, не расстраивайся. Я её найду...

— Спасибо, Дракоша! — вздохнула мама. — Ты очень славный! Но всё не так просто.

— Почему же? — оживился Сергей Викторович. — Как раз всё очень просто! Представляете, приходит Дракоша ко мне на работу... охранники поднимают руки вверх и разбегаются, секретарша вскакивает на шкаф, а затем оттуда падает в обморок. А мой начальник пытается забраться в несгораемый сейф... но для этого он слишком толст. И тут появляюсь я — весь в белом — и приказываю Дракоше идти домой. Начальник бросается мне на шею и тут же восстанавливает меня на работе, с повышением в должности...

— С твоим воображением можно романы писать, — улыбнулась мама.

— А что? — возмутился папа. — И напишу. Только скажите про что...

— Гы, — неожиданно сказал Дракоша. — Напиши про меня!

— Между прочим, это мысль. Такой книги не было. Я напишу, мама нарисует. Продадим книгу в какое-нибудь издательство и заработаем кучу денег. Я уже давно мечтаю не ходить на работу.

— А с чего книга начнётся? — спросила Маша.

— С начала.

— С того, как мы нашли яйцо?

— Раньше.

— Как мы поехали на дачу? — поинтересовался Паша, хотя не очень-то во всё это верил.

— Я начну с того, что я ещё с детства мечтал о даче...

— Тогда уж начинай прямо со своего рождения! — засмеялась мама. — Фантазёр!

Как это ни странно, но шутка имела неожиданное продолжение. Когда на следующее утро дети собирались в школу, взъерошенный Сергей Викторович упоённо колошматил по клавишам своего компьютера.

К обеду папа закончил первую главу. Он описывал поездку на дачу. Правда, вместо старого жигуля Дружинины ехали на дачу на новом «Мерседесе». Маша, через плечо следившая за полётом папиной мысли, не выдержала:

— Это неправда!

Папа не отреагировал и продолжал стучать по клавишам.

— И гаишники за нами не гнались, — шепнул сестре Паша.

Тут Сергей Викторович резко выпрямился:

— Будете мешать, я вас вообще высажу из машины. Поняли?

— Ага! — И дети бесшумно удалились из комнаты.

Странное занятие — писание книги. Человек сидит в своей комнате, за своим компьютером. Но это только кажется. На самом деле он находится совсем в другом месте: в другом городе, или на

необитаемом острове, или даже на другой планете. И вернуть его оттуда нет никакой возможности.

Мама дважды заглядывала в комнату, посылала детей. Безрезультатно. Сергей Викторович отсутствовал. Сначала он расправлялся с бандой грабителей, появившихся на даче. Затем спасал Дракошу из зоопарка...

— Гы! — На плечо папе легла лапа Дракоши. — Мама Наташа говорит, что всё уже остыло!

Так продолжалось неделю. Папа отрывался от компьютера, только чтобы съесть холодную котлету или завалиться спать. Хотя чаще всего засыпал прямо на стуле.

Он уже добрался до приезда семьи в город. И описывал ночные московские улицы, по которым кружила машина Дружининых.

Неожиданно рассвело. Сергей Викторович вздрогнул. И увидел маму, вытирающую экран влажной тряпкой.

— Ты и сам скоро пылью зарастёшь, — сказала мама. — Я понимаю твои творческие порывы. Но ты хоть иногда обращай внимание на детей. Им явно не хватает мужской руки. Вот вчера Мариванна на них жаловалась...

— Ладно. Я с ней разберусь, — сердито сказал папа и снова уткнулся в монитор.

Мама ушла. А папа стёр последнюю страницу и заново начал описывать приезд в Москву.

На этот раз машина уверенно затормозила у родного подъезда.

— Серёжа! Там же Мариванна! — с ужасом воскликнула мама.

— Вот и прекрасно! Я обещал тебе с ней разобраться!

Сергей Викторович вышел из машины и громко объявил:

— Мариванна! Прошу любить и жаловать. Дракоша.

— Гы! — поздоровался Дракоша.

И соседка рухнула на асфальт как подкошенная. Откуда ни возьмись появились

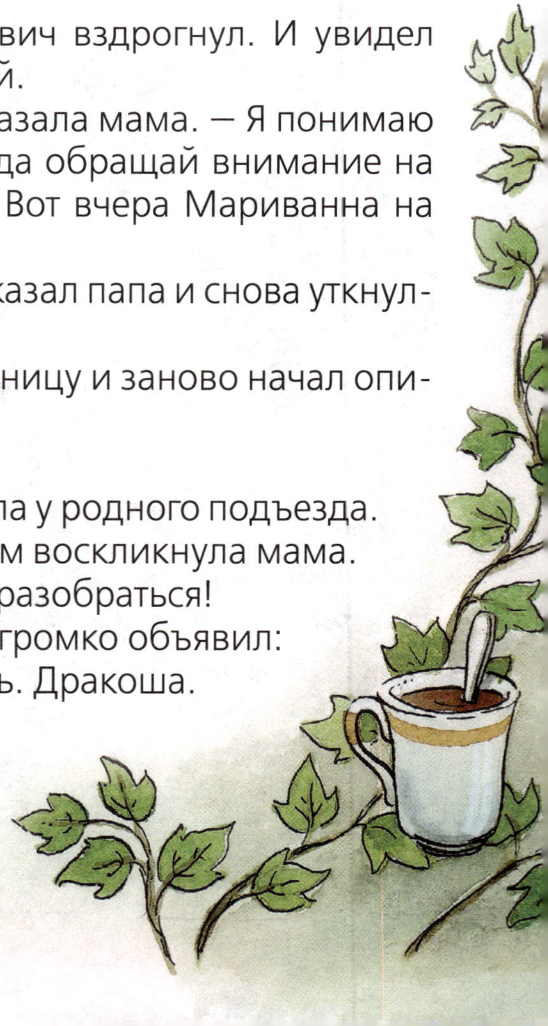

санитары с носилками. Мариванну загрузили в машину с красным крестом. И «скорая помощь» с громким воем сирены унеслась в темноту...

Сергей Викторович удовлетворённо кивнул и приступил к следующему эпизоду. Но вой сирены почему-то не стихал, а звучал всё громче и назойливее...

Звонили в дверь. Папа поморщился и пошёл открывать. На пороге стояла Мариванна.

— Сергей Викторович! — недовольным голосом сообщила она. — Я к вам полчаса звоню...

— А разве вас уже выпустили из больницы? — удивился папа.

— Что?! — Соседка побагровела, как свёкла.

— Ой, извините. — И Сергей Викторович от испуга захлопнул дверь.

Через несколько дней папа вошёл на кухню, энергично потирая руки:

— Всё!

— Неужели закончил? — радостно спросила мама.

— Почти. Осталось только дописать конец.

— А чем всё закончится? — Нос у Маши даже порозовел от любопытства.

— Пока не знаю.

— А можно, в конце я научусь летать и стану огнедышащим? — спросил Дракоша.

— Ну нет, — поморщился Сергей Викторович. — Это же не сказка, а реальная история.

— Пап, слушай, — предложил Паша, — я придумал классный конец. Нам звонят из Голливуда и предлагают снять фильм про Дракошу.

— Ну, это уж совсем фантастика! — отмахнулся папа.

Зазвонил телефон. Сергей Викторович вышел. А когда вернулся, вид у него был такой, словно его ударили пыльным мешком по голове.

— Что случилось? — испуганно спросила мама.

— Ты не поверишь. Звонили из Голливуда. Предлагают снять фильм про Дракошу...

— Но этого не может быть. Откуда они узнали?

Папа пожал плечами:

— Говорят, что нашли материал в Интернете. Видимо, я по рассеянности послал туда несколько глав.

Голливуд оказался не совсем Голливудом.

— Фирма называется «Голливуд-интернейшнл», — сообщил папа, вернувшись с переговоров. — Просто они снимают не в Америке, а в других странах.

— Значит, Голливуд! — воскликнул Паша. — Расскажу в классе — никто не поверит!

— Ничего не рассказывай. Вдруг всё сорвётся, — осторожно сказала мама.

— Не сорвётся! — уверенно заявил Сергей Викторович. — Завтра мы подписываем договор. Они сказали, что это первоклассный материал. И фильм может быть очень кассовым. В общем, как говорит мистер Фокин, всё о'кей!

— Кто такой мистер Фокин?

— Первый продюсер фирмы.

— А Дракоша в нём будет играть? — спросила Маша.

— О Дракоше они даже и не догадываются. Они убеждены, что я это всё придумал. Представляете, какой будет для них сюрприз!

— Серёжа! А может, не стоит? Всё-таки он маленький. И потом, в кино должны играть профессиональные актёры...

— Гы? А во что там играют? — сразу заинтересовался Дракоша. — Я тоже люблю играть!

— В кино актёры играют разные роли, — объяснила Маша.

— И всё-таки мне не очень нравится эта идея, — нахмурилась Наталья Юрьевна.

— Не волнуйся! Всё будет тип-топ, как говорит мистер Покин.

— А кто такой мистер Покин?

— Это второй продюсер. Он ищет художника на картину. Я договорился, что завтра ты покажешь ему свою работу.
— Серёжа, ты с ума сошёл. Что я ему покажу?
— Как — что? Оригинал!
— Папа Серёжа, что такое оригинал? — спросил Дракоша.
— Ты!

— Я?

— А по-моему, самый большой оригинал у нас — папа! — вздохнула мама.

«Голливуд-интернейшнл» размещался в останкинском телецентре. В здание входили люди с собаками, кошками, удавами, замотанными вокруг шеи, как шарф. А у стеклянных дверей курил толстый актёр в костюме бегемота. Поэтому на Дракошу особого внимания не обратили.

Изящный господин заграничного вида встретил семейство у бюро пропусков.

— Добрый день, господин Дружинин! Мистер Фокин уже ждёт вас, — сообщил он с небольшим акцентом, а затем обратился к маме: — А вы госпожа Дружинина? Мистер Покин встречается с художниками в двенадцатой студии...

— Кто это? — шёпотом спросила мама.

— Мистер Мокин. Третий продюсер.

Говорят, в коридорах телевидения легче заблудиться, чем в тайге. Известны случаи, когда неопытные люди, попавшие в здание телецентра, выбирались оттуда только через два-три года. Некоторые вообще сгинули бесследно. Но Наталья Юрьевна с детьми и Дракошей уже через час оказались в двенадцатой студии.

В центре большого павильона за столом, заваленным бумагами, сидел человек, очень похожий на Мокина. Только говорил он с ещё более сильным акцентом. Видимо, это и был мистер Покин.

Вокруг стояли этюдники, планшеты и холсты с изображёнными на них динозаврами и драконами, вписанными в пейзажи мезозойской эпохи. К столу выстроилась длинная очередь художников.

— Очень карашо. — Мокин рассматривал одну из работ. — Но не хватает... как это будет по-русски... экспрешн... Оставьте ваш работ. Мы сообщим результат. Следующий...

— Да, похоже, это надолго, — вздохнула мама.

— Мам, а можно, мы пока погуляем? — спросил Паша.

– Только не отходите далеко, а то заблудитесь.

В это время папа общался с главным продюсером «Голливуда» Фокиным.

– Хочу вас порадовать. Свой согласий сниматься дали очень крупный актёр. Это будет очень крупный успех! В роли папа – Арнольд Шварценеггер. В роли мама – Шарон Стоун. Представляете?!

Папа представил, как Шварценеггер красит сарай и беседует с бабой Клавой, и обалдело кивнул.

– Конечно, книга не сценарий. Придётся внести некоторый изменений.

– Какие? – осторожно спросил папа.

– Ну, например, у вас находить драконий яйцо под пень на какой-то дача. Это нереалистично! Мы находить яйцо... Нет! Кладка драконий яйцо в пустыня.

– Постойте, а как дети оказались в пустыне?

– Они потерпеть авиакатастроф! Все погибли... Дети идут через пустыня. Бедный, усталый, голодный... И видят яйца!

– И делают из них яичницу... – мрачно сказал папа.

– Ха-ха! Шютка! Смешно! В мой сериал «Космические разборки» тоже был такой шутка! Большой космический корабль и весь всмятка! Как яйцо. Очень смешно!.. Ха-ха-ха!..

Дети и Дракоша шли по длинному коридору, разглядывая вывески: «Спокойной ночи, малыши», «Поле чудес», «Человек и закон», «В мире животных». Перед последней они остановились. И детям, и Дракоше очень нравилась эта передача. Паша приложил палец к губам и тихонько приоткрыл дверь.

Перед телекамерой сидел любимец детей и взрослых ведущий Николай Дроздов:

– Итак, сегодня наша программа посвящена очень интересному животному...

– Гы? – заинтересовался Дракоша.

— Стоп! — послышался недовольный голос режиссёра. — Почему посторонние в студии?! Сейчас же выйдите!

— Подождите минуточку! — Дроздов вышел из-за стола и с интересом стал разглядывать Дракошу. — В первый раз вижу живого дракона. Это ваш?

— Да, — ответили Паша и Маша.

— А как его зовут?

— Дракоша, — сообщил дракончик и протянул лапу.

— Он ещё и говорящий?!

— Николай Николаевич! — сердито сказал режиссёр. — У нас каждая минута на счету!

— Но это же настоящий дракон!

— У нас сегодня передача про кроликов!

— Извините, ребята. Ничего не поделаешь, приходите через недельку. — Дроздов направился к столу. А дети и Дракоша тихо выскользнули из студии.

А беседа папы с продюсером продолжалась.

— Хороший эпизод в лесу, но — как это будет по-русски — неправдивый. Дракоша должен кушать охотник! — вещал Фокин.

— Но Дракоша добрый! — слабо сопротивлялся папа.

— Добрый. Но голодный. Как это говорят у вас: «Голод не тётка, в лес не убежит»!

— Именно так и говорят.

— И вам не хватает масштаб! Ну что это такой: ограблений дача? Мы снимать ограблений «Бэнк оф Нью-Йорк». И ещё нужен две важный вещь: любовь и хеппи-энд! Без этого нет фильм!

— Ну почему же нет? Дракоша любит папу, маму...

— Это не кассово! У нас в фильме у Дракош будет гёрл-френд — лох-несский чудищ. Её захотят продать в московский Диснейленд, но храбрый дети спасут её, и Дракош уплывёт с ней в открытый море. Полный хеппи-энд!

— Да, — кивнул папа. — Полный...

Дети и Дракоша успели вернуться в двенадцатую студию вовремя. Покин как раз заканчивал приём предпоследнего художника:

— Оставьте ваш работ. Мы сообщим результат. Следующий...

— Здравствуйте! — сказала мама.

— Очень недурно, — начал второй продюсер. — Но... простите, а где ваши эскизы?

— У меня нет эскизов. Я привела с собой оригинал. Дракоша, подойди сюда, пожалуйста!

— Что это? — поднял брови Мокин, рассматривая Дракошу.

— Не что, а кто, — поправила его мама. — Это настоящий Дракоша...

— Это? — поморщился Мокин. — Нет, это несерьёзно. Настоящий дракон должен быть большой... страшный... Вот такая пасть! Вот такие клыки! А это... какой-то детский сад!

— Гы? — обиделся Дракоша.

— Вот какие должны быть драконы. — Мокин обвёл рукой планшеты с эскизами драконов и динозавров. — Настоящий Дракош только дунет и разнесёт этот павильон в щепки!

— Мама Наташа? — Дракоша вопросительно, почти с мольбой, посмотрел на маму.

— Не верите, а зря, — вздохнула мама, а затем подмигнула Дракоше. — Дуй, только не сильно!

— Гы! — сказал Дракоша и дунул.

После того как несчастного Мокина вытащили из-под обломков декораций, затушили пожар и разобрались, в чём дело, семья Дружининых в полном составе оказалась на улице.

Сергей Викторович был явно расстроен. Но старался не подавать виду.

— Вы знаете, я отказался! — жизнерадостно сообщил он.

— Ну и замечательно, — сказала мама. — Всё к лучшему!

— А вы как сходили?

— Как в кино.

— Он попросил, а Дракоша дунул! — хихикнула Маша.

— И весь павильон в щепки! — уточнил Паша.

— Как они и хотели. Всё по законам жанра! — пожал плечами папа, садясь за руль. — Поехали домой.

Однако машина не завелась. Она стрекотала, как кузнечик, кудахтала, как курица, и тряслась, как будильник. Но трогаться не желала.

— Нет, не поехали, — устало сказал папа. — Опять стартер.

— Значит, пойдём пешком, — оптимистично заявила мама. — У меня отличное настроение. Прогуляемся по Москве.

— Гы! А давайте полетим?!

— Как полетим? — Все с удивлением посмотрели на Дракошу.

— Ну, как в павильоне всё летало, — объяснил тот. — Я понял, как надо правильно дуть, чтобы летать!

— Дракоша, ты серьёзно? — спросила мама.

— Да!

— А мы не упадём? — уточнила Маша.

— Нет.

— Ну, тогда полетели! — легкомысленно махнул рукой Сергей Викторович.

На стоянке перед телецентром остановилось такси. Пассажир, расплатившись с водителем, высунул из машины одну ногу, да так и застыл.

— Ты видел? — шепнул он водителю.
— Что? — не понял тот, заканчивая пересчитывать деньги.
— Только что машина пролетела! Кажется, «пятёрка».
— Ну, ты загнул. Машины только в кино летают!

И тут раздался страшный грохот... Из капота такси торчал ржавый глушитель.

— Серёжа, по-моему, у нас что-то упало...
— Кажется, глушитель.
— Значит, теперь нас все будут слышать? — спросила Маша.
— Ну и пусть слушают, — засмеялся папа.

Над ночной Москвой летели бежевые «Жигули». Летели они невысоко. Поэтому люди задирали головы, с недоумением глядели на габаритные огни и слушали голоса:

— Правее, ещё правее… А теперь левее…
— А вообще, куда мы летим?
— Домой. Куда же ещё?
— Почему домой?! Мамочка!
— Ну, во-первых, уже поздно. И потом, Дракоша устал…
— Гы?!

Конец

ОГЛАВЛЕНИЕ

Дракоша и компания

Дракоша выходит в люди

Дракоша в городе

Литературно-художественное издание

ДЛЯ МЛАДШЕГО ШКОЛЬНОГО ВОЗРАСТА

Усачёв Андрей Алексеевич
Березин Антон Игоревич

ВСЁ О ДРАКОШЕ

Сказочные повести

Художник А. ГАРДЯН
Дизайн обложки О. А. ЗАКИС

Ответственный редактор Т. А. НИКОЛЬСКАЯ
Художественный редактор М. В. ПАНКОВА
Технический редактор Е. С. ГУСЕВА
Корректор Л. А. ЛАЗАРЕВА
Верстка С. В. ПИМЕНОВОЙ

Издание подготовлено в компьютерном центре издательства «РОСМЭН».

Подписано к печати 15.09.14. Формат $84\times100^{1}/_{16}$. Бумага офсетная.
Печать офсетная. Гарнитура FreeSet. Усл. печ. л. 39,0. ID 20212. Доп. тираж 5000. Заказ № ВЗК-04936-14.

ЗАО «РОСМЭН».
Почтовый адрес: 127018, Москва, ул. Октябрьская, д. 4, корп. 2. Тел.: (495) 933-71-30.
Юридический адрес: 117465, Москва, ул. Генерала Тюленева, д. 29, корп. 1.

Наши клиенты и оптовые покупатели могут оформить заказ, получить опережающую информацию о планах выхода изданий и перспективных проектах в Интернете по адресу: **www.rosman.ru**

ОТДЕЛ ПРОДАЖ:
(495) 933-70-73; 933-71-30;
(495) 933-70-75 (факс).

6+
Знак информационной продукции согласно Федеральному закону от 29.12.2010 г. № 436-ФЗ

Дата изготовления: октябрь 2014 г.
Отпечатано в России.

Отпечатано в ОАО «Первая Образцовая типография», филиал «Дом печати - ВЯТКА» в полном соответствии с качеством предоставленных материалов.
610033, г. Киров, ул. Московская, 122.

Усачев А. А., Березин А. И.

У74 Все о Дракоше : сказочные повести / А. А. Усачев, А. И. Березин ; Художн. А. Гардян. — М. : РОСМЭН, 2014. — 400 с. : ил.

В книгу вошёл весь цикл сказочных историй о Дракоше: «Дракоша и компания», «Дракоша выходит в люди», «Дракоша в городе».

ISBN 978-5-353-06190-8

УДК 821.161.1-34-93
ББК 84 (2Рос=Рус)6